STORIA DELL'ARTE MEDIEVALE

Dall'arte paleocristiana al Rinascimento

JIM BARROW

Copyright © 2022 – JIM BARROW

Tutti i diritti riservati.

Questo documento è orientato a fornire informazioni esatte e affidabili in merito all'argomento e alla questione trattati. La pubblicazione viene venduta con l'idea che l'editore non è tenuto a fornire servizi di contabilità, ufficialmente autorizzati o altrimenti qualificati. Se è necessaria una consulenza, legale o professionale, dovrebbe essere ordinato un individuo praticato nella professione. Non è in alcun modo legale riprodurre, duplicare o trasmettere qualsiasi parte di questo documento in formato elettronico o cartaceo. La registrazione di questa pubblicazione è severamente vietata e non è consentita la memorizzazione di questo documento se non con l'autorizzazione scritta dell'editore. Tutti i diritti riservati. Le informazioni fornite nel presente documento sono dichiarate veritiere e coerenti, in quanto qualsiasi responsabilità, in termini di disattenzione o altro, da qualsiasi uso o abuso di qualsiasi politica, processo o direzione contenuta all'interno è responsabilità solitaria e assoluta del lettore destinatario. In nessun caso qualsiasi responsabilità legale o colpa verrà presa nei confronti dell'editore per qualsiasi riparazione, danno o perdita monetaria dovuta alle informazioni qui contenute, direttamente o indirettamente.

Le informazioni qui contenute sono fornite esclusivamente a scopo informativo e sono universali. La presentazione delle informazioni è senza contratto né alcun tipo di garanzia. I marchi utilizzati all'interno di questo libro sono meramente a scopo di chiarimento e sono di proprietà dei proprietari stessi, non affiliati al presente documento.

*Per ringraziarti dell'acquisto, in regalo per te un ulteriore eBook: "**IL PICCOLO ATLANTE DELLE DIVINITÀ: Dalla mitologia greca al cristianesimo, una panoramica sulle più famose divinità del mondo**"*

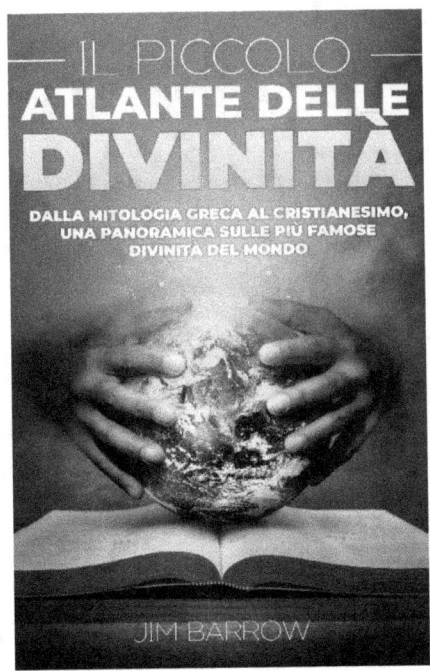

Scannerizza il seguente QR code per avere accesso immediato al tuo contenuto gratuito:

Oppure copia il seguente link sul browser:

https://jimbarrow29.subscribemenow.com/

Sommario

INTRODUZIONE 7

CAPITOLO 1 L'ARTE PALEOCRISTIANA 9
   IL CONTESTO STORICO 9
   LE PRIME ARCHITETTURE E LE CATACOMBE 11
   L'ARCHITETTURA PALEOCRISTIANA DAL IV AL VI SECOLO 13
   LA SCULTURA PALEOCRISTIANA 16
   LA PITTURA PALEOCRISTIANA 17
      I mosaici *18*

CAPITOLO 2 L'ARTE BIZANTINA 19
   IL CONTESTO STORICO 20
   L'ARCHITETTURA BIZANTINA 21
      Costantinopoli *21*
      Roma *22*
      Ravenna *23*
   I MOSAICI BIZANTINI 24
   LA PITTURA BIZANTINA 26
      Le icone *27*
   LA SCULTURA BIZANTINA 29

CAPITOLO 3 L'ARTE ISLAMICA 31
   L'ARCHITETTURA ISLAMICA 32
   LA PITTURA E L'ARTE DEL LIBRO 34
   LE ARTI MINORI 37
   I TEMI E LE ICONOGRAFIE DELL'ARTE ISLAMICA 38
   LE INFLUENZE ISLAMICHE NELL'ARTE OCCIDENTALE 39
      Arte decorativa *40*
      Arte mudéjar *42*
      L'architettura islamica in Europa *43*
      L'influenza islamica durante il Rinascimento *45*

CAPITOLO 4 L'ARTE GOTICA 48
   IL CONTESTO STORICO 49
   LA SCULTURA GOTICA 52

La pittura gotica 56
L'architettura gotica 58
   Le grandi vetrate 61
   Il significato divino dell'architettura gotica 63
Il tardo gotico 66

CAPITOLO 5 L'ARTE DELLA GERMANIA E DEL NORD EUROPA 70

L'arte barbarica 70
   L'oreficeria barbarica 72
L'arte insulare 73
   I manoscritti insulari 75
   L'arte insulare del metallo e della pietra 76
L'arte ottoniana 78
   L'architettura ottoniana 79
   La pittura e la miniatura ottoniane 80
   L'oreficeria e la scultura ottoniane 83

CAPITOLO 6 L'ARTE DEL RINASCIMENTO 86

Il contesto storico 87
Il contesto culturale 88
   Le caratteristiche dell'arte rinascimentale 91
   La prospettiva 92
L'arte figurativa rinascimentale 94
L'architettura rinascimentale 97

CONCLUSIONE 100

NOTA DELL'AUTORE 101

INTRODUZIONE

Da quando esiste l'uomo esiste anche l'arte. Che si tratti di una forma di espressione della propria creatività singolare o collettiva, questo tipo di linguaggio è sempre stato connaturato nel genere umano come modo per manifestare qualcosa di altro e di più alto rispetto a quanto il mondo poteva offrire materialmente.

E infatti, volendo tracciare un quadro storico, si può far risalire il concetto di arte alle primitive figurazioni delle popolazioni della preistoria, che fin dai tempi più antichi avevano iniziato a riporre un significato simbolico all'interno delle rappresentazioni pittoriche fatte su roccia.

Ecco quindi che nel Paleolitico superiore iniziò a svilupparsi l'usanza di realizzare graffiti o dipinti raffiguranti immagini legate alla vita quotidiana, che potevano riguardare la caccia, l'agricoltura, ma anche esperienze legate alla religione. L'unico supporto in questo caso era dato dalla natura stessa: le pareti rocciose all'interno delle grotte offrivano la possibilità di proteggere le opere dalle intemperie. Anche gli strumenti utilizzati erano rudimentali e del tutto naturali, dall'uso di semplici rocce come mezzo per realizzare i graffiti alle pitture create con un miscuglio di terra e grasso (o sangue).

E tuttavia, con il passare dei secoli, l'arte ha assunto aspetti e significati sempre nuovi e diversi, e di pari passo anche le tecniche utilizzate si sono modificate fino a comprendere le forme più diverse attraverso cui gli artisti potevano esprimersi. Il Mediterraneo, "culla delle civiltà", è sempre rimasto il fulcro dei grandi sviluppi e progressi anche nel campo dell'arte, ma naturalmente altrettante espressioni artistiche possono essere trovate in tutto il mondo.

In questo volume, in particolare, vogliamo tracciare un breve viaggio in quello che è stato sicuramente uno dei periodi più interessanti dell'arte mediterranea: il Medioevo, che va dall'arte paleocristiana fino all'inizio di quel grande periodo storico e artistico che è il Rinascimento.

Muoveremo quindi i primi passi a partire dalle catacombe del II secolo, attraversando tutti i maggiori centri della cristianità e le città fulcro dei grandi cambiamenti dell'Impero, ovvero Costantinopoli, Roma e Ravenna. Incontreremo così tanto le popolazioni che hanno abitato quei luoghi quanto i loro usi e costumi.

Quindi, spostandoci nell'ambito della cultura dei monasteri, faremo la conoscenza di uno degli stili più famosi della storia dell'arte, il Gotico. Non tralasceremo di trattare anche correnti artistiche che poco hanno a che fare con la cristianità, come per esempio quella islamica, che comunque ha avuto un grande impatto nel bacino del Mediterraneo, e soprattutto l'arte germanica e del Nord Europa, in modo da conoscere anche i grandi protagonisti di culture che hanno ampiamente influenzato quella dominante nel bacino del mediterraneo.

Infine, il nostro viaggio terminerà in Toscana, con la nascita del Rinascimento. Scopriremo tutti i principi e le idee che hanno reso l'Italia il fulcro più importante dell'arte, patria di quelli che sono considerati gli "artisti" per antonomasia: talenti come Michelangelo e Leonardo.

Insomma, si tratta di un vero e proprio viaggio all'interno del periodo storico che ha gettato le basi per tutta l'arte successiva, e che l'ha in un certo senso generata, che fosse per imitazione o per contrasto. Per cui iniziamo questo viaggio, e scopriamo insieme come poche centinaia di anni hanno cambiato per sempre il volto dell'arte.

CAPITOLO 1

L'arte paleocristiana

Iniziamo il nostro percorso con l'arte paleocristiana.

Il termine indica tutta la produzione artistica dei primi secoli dell'era cristiana. Stiamo quindi parlando di quel periodo che convenzionalmente viene fatto risalire al III-IV secolo e che si colloca all'interno della Roma imperiale. Il suo momento di massimo splendore si colloca tra i primi decenni del IV secolo e gli inizi del VI secolo, fino alla morte del papa Gregorio I nell'anno 604.

Naturalmente, essendo l'arte paleocristiana fortemente legata alla cristianità, diventa importante comprendere il contesto storico entro il quale ci stiamo muovendo.

Il contesto storico

Il cristianesimo primitivo si diffuse soprattutto dai centri di Alessandria, Antiochia e Roma. In particolare, la sua presenza a Roma era stata probabilmente dovuta a quella minoranza giudaica che aveva continuato ad intrattenere rapporti, soprattutto di tipo commerciale, con la Palestina.

Questo nuovo credo trovò subito molti fedeli, soprattutto appartenenti ai ceti più poveri e agli schiavi. Ben presto, però, si diffuse anche nel ceto medio romano e tra le famiglie più agiate, tanto che proprio queste ultime erano solite mettere a disposizione le loro case per riunioni ed eventi religiosi. È da questo fenomeno che nacquero le prime "domus ecclesiae", quelle che in seguito sarebbero diventate le chiese.

Come possiamo immaginare, molto spesso il cristianesimo, arrivando in un nuovo centro culturale, adottava molte delle pratiche e delle usanze già presenti localmente, e proprio per questo ha assunto tratti lievemente differenti a seconda del luogo di diffusione. Tuttavia, possiamo affermare che fin dai primi secoli le nuove forme d'arte contribuirono a dissolvere quelli che erano gli ideali classici, sostituendoli con qualcosa di totalmente nuovo.

Al centro di questo cambiamento c'era sicuramente lo slittamento della centralità dei temi trattati. Se infatti fino a quel momento al centro dell'attività artistica c'era stato l'uomo, ora l'artista aveva interesse soprattutto nel valore dell'anima. Ecco allora che con questo mutamento anche lo scopo stesso dell'arte cambiò totalmente: non si trattava più di rappresentare la bellezza estetica, come era stato per l'arte classica, ma piuttosto di costruire una nuova bellezza, quella della moralità.

L'arte paleocristiana assunse quindi una vera e propria funzione didattica, per cui il contenuto della raffigurazione era molto più importante della forma in sé. Vengono introdotte anche raffigurazioni di soggetti totalmente irreali o astratti, magari senza uno spazio ben delineato a contenerli. Si perde totalmente, infatti, la capacità di dare una tridimensionalità alla raffigurazione, una caratteristica che non verrà più ripresa fino al Rinascimento.

Se nell'arte classica, e in particolare in quella greca, il concetto guida dell'arte era quello dell'autonomia della forma, ora era diventato quello della visionarietà, dell'immaginazione con il suo potere creativo. Naturalmente, anche nell'arte preesistente erano state raffigurate figure mitologiche ed eventi soprannaturali, ma a livello puramente raffigurativo essi avevano sempre mantenuto una certa aderenza con la realtà. Al contrario, l'arte paleocristiana si discosta totalmente da questo principio, avvicinandosi maggiormente a quelle che erano le tradizioni artistiche dell'antica civiltà egizia o di quella mesopotamica, che infatti vennero riprese in particolare dall'arte bizantina, di cui parleremo nel dettaglio nel prossimo capitolo.

Cerchiamo quindi di analizzare più nel dettaglio quali sono state le principali tecniche artistiche utilizzate in questo periodo.

Le prime architetture e le catacombe

Un cambiamento fondamentale portato dall'arrivo del cristianesimo riguardò in particolare l'idea della risurrezione dei corpi. Proprio sulla base di questa credenza, infatti, nacque l'usanza di inumare i corpi dei defunti in luoghi sotterranei, le catacombe, che sono di fatto uno dei principali lasciti artistici di questo periodo.

La parola catacomba deriva etimologicamente dalla parola "catacumba", probabilmente proveniente dal greco. Il termine utilizzato in questo contesto, tuttavia, può essere fatto risalire all'espressione "ad catacumbas", che indicava la vicinanza ad una cavità, e in particolare faceva riferimento ad una località situata in un avvallamento presso la via Appia. Pare però che gli studiosi non concordino sul luogo preciso: secondo alcune fonti, infatti, sembrerebbe trattarsi di una depressione posta di fronte al Circo di Massenzio, mentre altri ritengono che si tratti della zona dove tutt'oggi si possono trovare le catacombe di San Sebastiano.

In ogni caso, le prime catacombe risalgono addirittura al III secolo, e non sono altro che grotte di tufo preesistenti che si trovavano fuori dalle cinte murarie delle città, probabilmente per mantenere anche un certo livello di igiene. Queste semplici grotte venivano ampliate e modificate a seconda delle necessità fino ad ottenere un reticolo di gallerie che potevano anche essere disposte su più piani. Questi antri non servivano solo per le sepolture, ma anche come veri e propri luoghi di culto. Inoltre, nel periodo della persecuzione dei cristiani, avevano anche svolto la funzione di rifugi e nascondigli.

All'interno, le catacombe erano estremamente ben organizzate. Lungo le pareti si aprivano dei loculi rettangolari in cui venivano inumati i corpi dei defunti, solitamente avvolti in lenzuoli di lino oppure posti in sarcofagi di pietra. Quindi il buco veniva chiuso con una sorta di lapide rudimentale decorata con iscrizioni oppure con vetri e monete.

Come si può immaginare, più il defunto era illustre più la tomba era grande e riccamente decorata, tanto che alcune di esse diventavano delle vere e proprie opere d'arte. In particolare, quando si trattava della sepoltura di un martire o di un santo, il sepolcro prendeva la forma di un'arca scavata nella roccia e a volte costruita in marmo, sormontata da un archivolto[1] decorato. Queste arche erano solitamente collocate nei cubicoli ai lati delle gallerie, a loro volta decorati e spesso comunicanti tra loro, in modo da creare spazi più ampi che permettessero di unire le sepolture di più membri della stessa famiglia o dello stesso gruppo.

All'interno delle catacombe potevano arrivare sia la luce che l'aria attraverso dei pozzi verticali quadrati, chiamati lucernari. Questo era in effetti l'unico accesso alla tomba, che veniva chiusa con una lastra di marmo e delle tegole di terracotta saldamente fissate dalla malta.

Bisogna comunque specificare che questo tipo di sepolture avvenivano sia sopra la terra che sottoterra.

Il cimitero sopra terra prendeva il nome di "subdiale" e aveva diritto ad un'area ben definita e recintata, spesso curata come un giardino o addirittura come un orto. In questo tipo di cimiteri, i sarcofagi erano delle vere e proprie tombe nel senso più moderno del termine, più lussuosi e conservativi, e potevano essere costruiti dei materiali più diversi.

All'interno di entrambe queste tipologie di siti di sepoltura, comunque, era possibile trovare numerose raffigurazioni, solitamente a scopo decorativo. Si trattava nella maggior parte dei casi di affreschi che rappresentavano soggetti mutuati dall'arte pagana e reinterpretati sulla base delle nuove credenze. Per esempio, si ritrovava molto spesso la figura di Mercurio che aveva assunto i tratti del buon pastore della tradizione cristiana.

Inoltre, in origine si faceva maggiore uso di elementi naturali puramente simbolici, come per esempio pesci, uccelli o rami di diverse piante. Successivamente, a questi si aggiunsero anche degli esseri umani, e soprattutto numerose scene tratte sia dall'Antico che dal Nuovo Testamento, con un riferimento soprattutto ai principali episodi salvifici.

Un altro elemento architettonico particolarmente interessante da analizzare è quello delle Domus Ecclesiae, che abbiamo già avuto modo di nominare in precedenza. Abbiamo visto come di fatto si trattasse

---

[1] Elemento architettonico che corona l'arco di una porta, una finestra o un'altra apertura. In particolare, è una fascia semplice o decorata che profila il perimetro dell'arco. Il più delle volte, questo elemento ricopre una funzione puramente decorativa.

semplicemente di grandi abitazioni messe a disposizione del culto da parte delle famiglie più abbienti.

Tuttavia, intorno al 200 iniziarono ad apparire regole per lo svolgimento dei riti del tutto nuove, che richiesero di conseguenza un adeguamento degli spazi. La stanza adibita al pranzo venne separata dal luogo in cui venivano ospitati i catecumeni e i penitenti, e vennero aggiunte delle stanze specifiche per i nuovi sacramenti, come per esempio il battesimo e la cresima.

L'esempio più antico di questo tipo di adattamento arrivato fino a noi è la cosiddetta "Dura Europos", una casa siriana risalente addirittura al 231, dotata di molte stanze, tra cui una utilizzata come battistero con una vasca, e diverse pareti decorate con scene bibliche. Sappiamo inoltre che a Roma vennero create ben 25 domus a questo scopo, il nucleo primigenio di quella che sarebbe diventata la chiesa.

L'architettura paleocristiana dal IV al VI secolo

Nel corso del IV secolo, ci fu una vera e propria svolta per la religione cristiana. Innanzitutto, nel 313 Costantino promulgò l'Editto di Milano, che concedeva a tutti i cittadini (e quindi anche ai cristiani) la libertà totale di culto: ognuno avrebbe potuto venerare liberamente qualsiasi divinità. Ad esso seguì poi, nel 380, l'Editto di Tessalonica, che dichiarava il cristianesimo, secondo i canoni del credo niceno[2], come religione ufficiale dell'impero, proibendo quindi l'arianesimo[3] e tutti i culti pagani.

In seguito a questi due grandi Editti, il cristianesimo poté definitivamente abbandonare i propri nascondigli. Uscì dalle catacombe per creare delle vere e proprie opere architettoniche in tutte le province

---

[2] Il credo niceno si basava sul concetto di unicità di Dio, alla natura di Gesù e alla trinità. Diventa il credo principale all'interno della fede cristiana in seguito al primo concilio di Nicea, nel 325.

[3] La dottrina ariana, dichiarata per l'appunto eretica durante il primo concilio di Nicea, sostiene che solo il Dio padre possa considerarsi una vera e propria divinità, mentre il figlio ne è solo un intermediario, con "poteri" simili ma inferiori e derivati. Non prevede quindi la trinità.

dell'impero in cui era riuscito a diffondersi: in particolare, trovò grande affermazione a Roma, Milano e Ravenna. Queste grandi chiese venivano solitamente edificate fuori dalle città, in corrispondenza con i luoghi di sepoltura in cui si trovavano i resti dei grandi personaggi della cristianità.

I primi edifici vennero realizzati utilizzando modelli già presenti all'interno delle culture di riferimento: quella romana e quella ellenistica. Questo diede vita a due principali tipi di costruzione: gli edifici a pianta basilicale e gli edifici a pianta centrale.

Gli edifici a pianta basilicale muovono dalla tradizione romana, e in particolare dalle basiliche civili che erano state realizzate per accogliere grandi folli, seppure furono sicuramente aggiunte sostanziali modifiche e trasformazioni. Il principale modello era quello della basilica palatina, vale a dire quella usata con funzione di tribunale, in cui l'imperatore si mostrava al popolo dall'abside di fondo: alla maestosità dell'imperatore si andò poi a sovrapporre quella divina nel momento in cui la basilica diventò luogo di culto.

In buona sostanza, le basiliche erano strutture a pianta rettangolare, divisa longitudinalmente in tre oppure in cinque navate da una serie di colonne o di pilastri, a loro volta sormontati da tanti archi oppure architravi. L'ingresso era posto su uno dei lati minori dell'edificio, dal lato opposto rispetto all'abside[4]. Inizialmente, accanto all'abside vi erano due locali di servizio che con il tempo si sono trasformati in absidi minori, aumentando così il numero delle navate.

Solitamente l'asse principale era proprio quello longitudinale, che per via della sua forma allungata era più adatto ad ospitare le processioni: tale asse era la maggior parte delle volte orientato in modo che l'abside venisse collocato ad est, dal momento che l'oriente era simbolicamente la direzione in cui si trovava il paradiso e quindi Dio. In questo modo, i fedeli che attraversavano la navata in direzione dell'abside durante le processioni potevano simbolicamente spostarsi dalla dimensione terrena a quella spirituale.

---

[4] L'abside è la parte della chiesa a pianta semicircolare o poligonale coperta da una volta, con forma genericamente a semicupola. È la parte dedicata alla divinità, e si contrappone alla navata che è dedicata ai fedeli.

Anche gli interni delle basiliche mantenevano un aspetto molto semplice, data la natura simbolica della costruzione. Il materiale che veniva prediletto era il legno, soprattutto per il soffitto, che veniva costruito prevalentemente piano. La forma della facciata, invece, presentava i lati inclinati, per cui aveva assunto il nome caratteristico di "capanna".

Infine, moltissime basiliche (soprattutto quelle più grandi e maestose) presentavano anche un cortile con quattro lati decorati da colonne. Solitamente uno dei lati era direttamente adiacente alla basilica e assumeva quindi il nome di "pronao".

La maggior parte delle basiliche vennero costruite a Roma, in Palestina e a Costantinopoli, che erano i principali centri religiosi della cristianità. La stessa San Pietro a Roma viene costruita proprio in questo periodo, sebbene in seguito completamente ricostruita durante il Rinascimento.

Gli edifici a pianta centrale sono invece più chiaramente ellenici, dal momento che prendono spunto principalmente dai "thòlos" micenei, monumenti funerari risalenti alla tarda età del bronzo ampiamente diffuse in Grecia.

Appartengono a questa categoria tutti quegli edifici che si sviluppavano intorno ad un centro, a prescindere dalla forma: la pianta infatti può essere quadrata, circolare, poligonale, oppure a croce greca (vale a dire una croce in cui tutti i quattro bracci sono lunghi uguali). Solitamente, però, la simmetria della forma è ben sottolineata dalla cupola che sta appunto al centro: l'esempio più celebre è sicuramente il Pantheon che si trova a Roma.

Inizialmente questo tipo di struttura venne usata soprattutto per i "martyrion". Si trattava di quei luoghi che venivano costruiti sulla tomba di un martire oppure sul luogo in cui era avvenuta la sua morte e che quindi venivano interamente dedicati al suo culto. In seguito, tuttavia, vennero usati anche per svolgere la funzione di battisteri, mausolei, cappelle palatine e chiese nel senso più ampio del termine.

È interessante notare come questo tipo di pianta abbia avuto ampia diffusione soprattutto nell'impero d'Oriente, dove è servita ad erigere le principali chiese monumentali: un esempio lampante ne è la famosissima

Basilica di Santa Sofia a Costantinopoli, che fu successivamente ricostruita da Giustiniano nel 537, assumendo così la forma che possiamo vedere tutt'oggi. Ed è in effetti proprio durante il regno di Giustiniano che vanno affermandosi nuovi modelli architettonici, anche grazie ai numerosi progressi tecnologici.

La scultura paleocristiana

Accanto alle numerose opere architettoniche, un'altra delle più importanti forme d'arte dell'epoca paleocristiana è la scultura. In buona parte essa è rappresentata dai sarcofagi, che diventano via via sempre più decorati fino a diventare una vera e propria forma d'arte.

Proprio per questo, la scultura cristiana si sviluppò molto lentamente, e soprattutto poté mutuare molti dei temi più tipici del simbolismo funerario pagano. Per esempio, una delle principali simbologie riguardava la raffigurazione del pavone, che il simbolo della rinascita, quindi dell'immortalità e della resurrezione.

A mano a mano che questo tipo di scultura si sviluppa e diventa più diffusa (all'incirca a partire dalla fine del III secolo), iniziano anche a diffondersi scene pastorali e paesaggi sempre più dettagliati. Si aggiungono inoltre scene tratte dalle sacre scritture, soprattutto per quanto riguarda gli episodi dei miracoli operati da Cristo. È quindi in questo percorso che si perde gradualmente il realismo, come abbiamo avuto modo di spiegare in precedenza.

Di conseguenza, la scultura dei sarcofagi svolge una doppia funzione. Da un lato infatti serviva espressamente a rendere onore all'illustre defunto, ed era quindi un modo per realizzare manufatti di un certo pregio per i fedeli più benestanti. Per questo motivo, numerosi sarcofagi erano anche colorati a tinte vivaci, proprio per trasmettere un senso di ricchezza e onore. Dall'altro invece, come si può intuire dal tipo di scene illustrate, l'intento non era tanto quello di mettere in luce singoli personaggi quanto più quello di trasmettere quale fosse il senso delle loro imprese. Ecco quindi che le figure rappresentate assumono prevalentemente un ruolo simbolico e, ancora una volta, didattico.

Bisogna comunque segnalare che, con il passare dei secoli, le decorazioni sui sarcofagi diventarono via via sempre più semplici e stilizzate, fino ad essere sostituiti da semplici motivi decorativi e infine, con l'arrivo dell'VIII secolo, da un semplice disegno.

La pittura paleocristiana

Per quanto riguarda la pittura, invece, ben poco è arrivato fino a noi delle origini della cristianità. Principalmente possiamo fare riferimento alle decorazioni presenti nelle catacombe e nei cimiteri sopra terra e a quelle presenti all'interno delle domus che erano state adibite al culto.

Si trattava nella maggior parte dei casi di pitture eseguite a fresco, per cui il fondo su cui l'artista lavorava era solitamente lasciato bianco. Attorno a questo tipo di raffigurazioni, il resto delle pareti veniva generalmente ricoperto con un motivo geometrico, con riquadri formati da linee rosse e verdi.

Per quanto riguarda i soggetti di questi affreschi, solitamente le figure erano ritratte una alla volta, separatamente, ed erano estremamente stilizzate, caratterizzate da pochissimi tratti con soli effetti di luce ed ombra, senza che vi fosse alcuna gradazione per quanto riguarda le tinte. Questa tecnica sosteneva la teoria della "visione di rapido sguardo", per cui appunto veniva lasciata solo un'impressione immediata.

Naturalmente, anche in questo caso le tematiche riguardavano elementi della tradizione funeraria pagana, mutuati dalla cultura che era già presente nel luogo. Tuttavia, essi assumevano un significato del tutto cristiano. Per esempio, uno dei temi più rappresentati era quello delle quattro stagioni, che richiamavano chiaramente la caducità della vita umana.

Tuttavia, ben presto iniziarono ad accostarsi a questi temi anche figurazioni del tutto cristiane, soprattutto a partire dal II secolo. Esse prendevano spunto soprattutto da episodi raccontati nelle sacre scritture, oppure da scene tipiche della liturgia: per esempio, non era insolito che accanto o sopra le catacombe si trovassero raffigurazioni delle cerimonie funebri. È a questo periodo, inoltre, che risale la prima pittura mai conosciuta della Madonna: si trova sulla Catacomba di Priscilla, e viene fatta risalire circa al 230-240. Si tratta di un'immagine che segue i canoni a cui ora siamo abituati: la donna ha il capo velato e porta in braccio un bambino nudo, mentre al suo fianco si trova un profeta. Il tutto è dipinto con toni marroni, tipici del periodo, ed è caratterizzato da un contorno piuttosto spesso, come era in effetti tradizione.

Ad ogni modo, la pittura paleocristiana andò via via sviluppandosi e modificandosi, anche in base alle molte influenze delle popolazioni con cui si era trovata e continuava ad entrare in contatto. Un nuovo stile venne mutuato soprattutto dall'arte bizantina, che affronteremo nel prossimo capitolo, e in particolare dall'inizio del IV secolo.

Questa nuova tradizione andava chiaramente nella direzione di una sempre maggiore semplificazione, sia per quanto riguardava la composizione dell'immagine, per cui il rapporto tra le figure viene lentamente a mancare, sia per quanto riguarda le figure stesse, che diventano sempre più stilizzate e astratte. E se già prima il disegno rimaneva semplice e tendenzialmente astratto, questa caratteristica diventa sempre più evidente, con una riduzione totale dei colori che ne elimina qualsiasi sfumatura.

Infine, un'ulteriore caratteristica di questa nuova pittura è quella dell'illuminazione indiretta, che comporta un totale appiattimento delle figure, che risaltano nettamente sullo sfondo grazie ad una sottolineatura ancora maggiore dei contorni.

I mosaici

Infine, occorre fare un'ultima precisazione su una forma d'arte tanto importante quanto sottovalutata dai posteri. Esisteva infatti, oltre alla scultura e alla pittura, anche un'altra forma di decorazione tridimensionale ampiamente in voga per arricchire le catacombe, ma anche le domus più importanti: i mosaici. Queste opere ricoprivano soprattutto i pavimenti, ricoprendoli interamente di soggetti e forme sia figurative che geometriche che ancora una volta ripercorrevano la tradizione pagana donandole un'interpretazione del tutto nuova.

CAPITOLO 2

L'arte bizantina

L'arte bizantina si è sviluppata in un periodo più o meno contemporaneo all'arte paleocristiana, e in particolare tra il V e il XV secolo, prima all'interno dell'impero romano e in seguito per tutto quello bizantino. Al centro di questa corrente artistica c'era, naturalmente, la capitale dell'impero: Costantinopoli (chiamata anche Bisanzio – oggi Istanbul).

E in effetti, il periodo storico non è l'unico elemento che queste due correnti hanno in comune, anzi. Anche in questo caso, la tematica principale è proprio quella della religiosità e l'intento è quello didattico. Ecco quindi che ancora una volta abbiamo una perdita della plasticità delle figure (vale a dire la spazialità, la tridimensionalità delle rappresentazioni) e una generale stilizzazione delle figure, che non devono più rappresentare la realtà, bensì la maestosità del divino.

Infatti, sebbene comunque l'arte bizantina abbia avuto diverse manifestazioni a seconda del luogo, è in realtà rimasta abbastanza stabile nelle sue caratteristiche chiave, segnando in maniera determinante tutto il Medioevo, soprattutto per quanto riguarda Ravenna e Roma. Possiamo quindi affermare che le due correnti artistiche si siano accompagnate e influenzate a vicenda, e possano essere pertanto trattate come un unicum da alcuni punti di vista.

Prima di procedere con le diverse forme d'arte, però, è opportuno definire un contesto storico.

Il contesto storico

La storia dell'arte bizantina è naturalmente intrecciata a quella dell'impero che la definisce. Proprio per questo, possiamo iniziare a definire dei periodi di massima all'interno dei quali muovere la nostra riflessione.

Ecco allora che abbiamo un primo periodo, detto paleobizantino, che racchiude l'arco di tempo che va dalla fondazione di Costantinopoli al VI secolo e che viene caratterizzato dall'assorbimento della produzione artistica di quattro città principali: Roma, Alessandria d'Egitto, Efeso e Antiochia. In questa fase, quindi, vengono utilizzati linguaggi e tecniche dell'antichità, che vengono successivamente elaborati e trasformati in un genere adatto al mondo spirituale e imperiale cristiano.

A questa fase di costruzione segue un periodo chiamato "prima età d'oro", corrispondente al VI secolo: è sicuramente il periodo storico nel quale troviamo tutti i capolavori dell'arte bizantina per eccellenza, e in cui la qualità delle opere d'arte sale notevolmente.

A questa fase fa però seguito un periodo di involuzione, che va dal VII secolo fino all'842 circa: la causa di questo terribile calo artistico fu sicuramente la lotta iconoclastica che ebbe luogo tra il 726 e il 843. L'iconoclastia era un movimento religioso che aveva come base ideologica il principio per cui la venerazione delle immagini sacre fosse da rigettare completamente: va da sé quindi che qualsiasi opera d'arte, che in quel periodo aveva per forza di cose sempre carattere religioso, dovesse essere eliminata.

Fortunatamente, come spesso accade nella storia, dopo un periodo di crisi c'è sempre una rinascita. E infatti, il periodo che va dal IX al XI secolo prende il nome di "Rinascenza macedone". In questa fase vengono recuperati molti dei modelli espressivi del passato, mutuandoli soprattutto dalla tradizione greca ellenistica. Inoltre, il periodo di grande fioritura culturale riesce a riemergere anche all'interno dell'arte, che di fatto recupera una vivacità che aveva da tempo dimenticato.

Questo momento di gloria continua anche nel periodo successivo, anche se in una forma diversa. Il XII secolo prende il nome di "comneno", dalla famiglia dei Comneni che regnava sull'impero in quel momento. Lo stile artistico in questa fase segue una linea ben diversa da quella precedente, molto più raffinata ed elegante, oltre che lineare. Siamo di fronte ad una "seconda età dell'oro" nel vero senso della parola, che si protrarrà fino al 1204, anno in cui Costantinopoli cadrà sotto l'attacco dei Latini.

L'arte bizantina quindi subisce un brusco arresto, per riprendere solo nel 1261, con la ripresa della capitale. Abbiamo quindi la cosiddetta "Rinascenza paleologa", che ancora una volta recupera l'arte ellenistica. Ancora una volta, il nome del periodo storico deriva direttamente da quello della dinastia al potere in quel momento. La famiglia dei Paleologi sarà l'ultima dinastia a governare l'impero bizantino, fino alla definitiva caduta della capitale sotto Maometto II nel 1453, data che segna la fine dell'impero e della relativa corrente artistica.

L'architettura bizantina

La storia dell'architettura bizantina è inevitabilmente legata alle città che hanno fatto grande l'impero, prima fra tutti Costantinopoli, la sua capitale.

Costantinopoli

Costantinopoli prende il nome dal famosissimo imperatore Costantino, eppure l'unico monumento risalente a quel periodo che è riuscito ad arrivare fino a noi è l'Ippodromo, l'arena per i giochi che serviva anche come luogo per le apparizioni pubbliche dell'imperatore. Tutti gli altri monumenti avranno origine a partire dal secolo successivo, quando la città iniziò ad ampliarsi e lo sviluppo urbano fu sempre più evidente.

Infine, con l'arrivo del VI secolo Costantinopoli iniziò finalmente ad avere tutte quelle caratteristiche che la fecero diventare una delle principali città del mondo antico, tanto da superare la maggior parte delle città occidentali per bellezza e ricchezza, soprattutto in seguito alla diffusione delle invasioni barbariche in Europa.

Tra le principali opere di questo periodo ricordiamo a titolo esemplificativo la Chiesa della Santa Sapienza, Santa Sofia, che ora è uno dei principali luoghi di culto della moderna Istanbul e che allora era una delle chiese principali dell'impero. L'edificio era stato progettato come una tradizionale basilica latina, con il colonnato e il tetto in legno tradizionali e un ingresso preceduto da un doppio nartece (vale a dire una sorta di doppio atrio).

La chiesa che possiamo vedere attualmente, tuttavia, ne è una ricostruzione, necessaria dopo un incendio avvenuto a seguito di una rivolta nel 532. L'imperatore Giustiniano scelse di costruire una nuova basilica completamente diversa, ben più grande e maestosa. Le forme monumentali, la grande cupola dalla quale entra una luce quasi ultraterrena e la base centrale ampissima fecero di Santa Sofia il fulcro fondamentale della religione imperiale, tanto che divenne la sede del patriarca di Costantinopoli e il luogo in cui avvenivano tutte le cerimonie imperiali.

Di pari passo, anche la capitale si affermò come centro artistico, attirando persone provenienti da tutto l'impero, che poi diffondevano le scoperte in tutte le province.

Roma

Ugualmente importante per l'epoca bizantina è anche Roma, che naturalmente aveva subito attirato buona parte dell'arte religiosa del periodo. Sebbene la città non avesse più il grande sfarzo e l'importanza che aveva avuto durante l'impero romano, essa rimaneva comunque il centro della cristianità.

Di fatto, però, per il primo periodo Roma visse esclusivamente di rendita, continuando ad utilizzare le basiliche e le strutture di costruzione precedente. Solo a metà del VI secolo iniziarono effettivamente ad essere costruite nuove chiese.

Il primo edificio ad essere costruito fu la Chiesa dei Santi Cosma e Damiano, costruita utilizzando parti di edifici precedenti nel centro del foro romano per volere di Papa Felice IV: era effettivamente il simbolo dell'unione per eccellenza tra tradizione classica e nuova cristianità, in un luogo che faceva da ponte tra i due mondi. Al suo interno, le rappresentazioni sono irreali, simboliche e soprannaturali, di chiaro stampo cristiano, e tuttavia si intravede ancora il senso di plasticità e la rappresentazione delle figure di tradizione classica: per esempio, compaiono ancora le ombre proiettate dalle figure, un particolare che scomparirà definitivamente in tutte le raffigurazioni romane successive. Inoltre, lo sfondo è ancora color blu, e non oro come sarà per le raffigurazioni prettamente bizantine da questo momento in poi.

Sebbene nel corso di questo periodo anche Roma abbia partecipato attivamente allo sviluppo dell'arte bizantina, purtroppo a metà del VI secolo la produzione artistica subì una notevole inversione di rotta: era l'inizio delle guerre gotiche, che introdussero un tipo di arte del tutto diversa.

Al di là dell'arte gotica di per sé, che tratteremo in un prossimo capitolo, in questo periodo l'attenzione si concentrò prevalentemente sul restauro delle grandi opere pubbliche che venivano danneggiate dalla guerra, come mura, acquedotti e ponti. La cristianizzazione subì un brusco rallentamento, sebbene comunque continuassero ad essere aperte chiese in edifici già preesistenti che venivano riconvertiti.

Insomma, se fino al V secolo l'arte romana era stata del tutto autonoma, tanto da costituire a sua volta un modello per le altre culture, dal VI secolo in avanti non si può certo dire lo stesso: la città sarà ampiamente influenzata dalla tradizione gotica e più avanti orientale, con influenze provenienti dalla Siria e dalla Palestina, come dimostrano le numerose raffigurazioni che ci sono arrivate fino ad oggi.

Ravenna

Un discorso ben più ampio va fatto invece per la città di Ravenna. In questa città, l'arte di quel periodo fu particolarmente florida, tanto da aver creato una vera e propria corrente: l'arte ravennate. E infatti, Ravenna fu capitale dell'impero romano d'occidente dal 402 al 751, vale a dire fino all'invasione dei Longobardi: un periodo quanto mai florido e rigoglioso. Le opere di questo periodo che sono arrivate fino a noi mostrano uno stile davvero peculiare sia per quanto riguarda l'architettura, che la scultura che i mosaici: si tratta sicuramente di un unicum per quanto riguarda lo studio dell'arte bizantina, dal momento che buona parte delle opere coeve presenti nell'impero romano d'oriente sono state distrutte durante il periodo dell'iconoclastia.

Le opere di Ravenna ci mostrano che, per quanto l'arte bizantina potesse essere in un primo momento assimilata a quella paleocristiana, ben presto essa si distacca da quest'ultima, per ottenere una maggiore monumentalità delle figure a scapito della plasticità dei corpi. Manca del tutto in questo periodo una tridimensionalità, e i personaggi appaiono stilizzati e stereotipati: solo i volti conservano il realismo, mentre la divinità viene rappresentata dalla presenza costante di aureole. In generale, le raffigurazioni assumono un carattere quasi ultraterreno, proprio perché i personaggi appaiono quasi sospesi al di fuori del tempo e dello spazio.

A livello architettonico, Ravenna ci ha regalato moltissimi edifici ricchi di decorazioni, come per esempio la Basilica di San Giovanni Evangelista, il Battistero degli Ortodossi e soprattutto il famosissimo Mausoleo di Galla Placidia. Il maggior sviluppo architettonico avvenne sotto l'impero di Giustiniano, quindi a metà del VI secolo, e si caratterizzò per la presenza di edifici in cui i motivi romani e quelli bizantini si fondevano tra loro.

Ciò che però particolarmente contraddistingue gli edifici di tradizione bizantina, non solo a Ravenna ma in tutto l'impero, è la decorazione interna, comporta prevalentemente da mosaici, il vero punto di forza dell'arte di questo periodo storico. Vediamo quindi ora questa tecnica specifica, utilizzando degli esempi mutuati anche dalla capitale ravennate.

I mosaici bizantini

La tecnica del mosaico ricoprì senza ombra di dubbio un ruolo di spicco all'interno dell'arte bizantina, proprio come l'aveva avuta anche nel mondo latino. Non solo i materiali erano tutto sommato semplici da reperire (grazie alle numerose scorribande ma anche al riutilizzo di vecchi edifici), ma l'utilizzo delle tessere si era rivelato essere uno strumento ideale per rappresentare ciò che le raffigurazioni richiedevano: delle figure stilizzate di grande effetto e di ancora maggior significato simbolico. L'eccellenza del mosaico raggiunse il suo apice a Ravenna, indubbiamente, ma anche nella stessa Costantinopoli, in cui dal VI secolo in avanti questa tecnica diventò l'arte per eccellenza e acquisì particolari caratteristiche.

In particolare, uno degli elementi fondamentali della tecnica del mosaico bizantino è rappresentato dalla dinamica della luce. Gli artisti cercavano in tutti i modi di realizzare opere che ricreassero una dimensione astratta e ultraterrena, con il proposito di trascendere la realtà materiale e avvicinarsi alla sfera spirituale. Nella pratica, questo significa che mentre lo spazio intorno ai personaggi tende a dilatarsi, le figure invece si restringono e diventano piatte e stilizzate, benché mantengano comunque colori brillanti.

Questo processo va ad aumentare con il passare dei secoli, tanto che dal IX secolo in poi le raffigurazioni rappresenteranno dei veri e propri concetti, e non più delle narrazioni come era stato fino a poco prima. Naturalmente, si tratta sempre di concetti religiosi e in particolare dogmatici, elementi che non potevano assolutamente essere messi in dubbio dal fedele che ne rimaneva affascinato e suggestionato.

La distribuzione dei personaggi all'interno dei mosaici seguiva uno schema abbastanza rigido e ripetitivo. Al centro c'era sempre il Cristo Pantocratore[5], contornato da una schiera di angeli disposti a formare una cupola. Ai lati invece ci sono gli Evangelisti. La figura della Madonna, invece, è solitamente rappresentata nell'abside, dal momento che questo personaggio rappresenta la mediazione tra la sfera celeste e quella terrena. Infine, nelle navate si trovava la narrazione degli episodi fondamentali dei vangeli.

Il mosaico in generale, e questo tipo di rappresentazione in particolare, è stato a tutti gli effetti una costante in tutti i periodi dell'arte

---

[5] Il Cristo Pantocratore, tipico dell'arte bizantina, rappresenta Gesù in gloria ed è spesso raffigurato seduto su un trono con atteggiamento maestoso. La mano destra è sollevata con tre dita alzate, come da tradizione cristiano-ortodossa, mentre l'altra mano regge il vangelo.

bizantina, e moltissime testimonianze ci mostrano come questa tecnica continuò ad essere applicata per secoli. Ad oggi rimangono davvero moltissimi mosaici perfettamente visibili, di cui il più famoso rimane sicuramente quello della Pietà presso la basilica di Santa Sofia a Costantinopoli.

È opportuno anche ricordare che il mosaico bizantino conobbe una riscoperta nel XIV secolo, e rifiorì grazie a colori più brillanti e a raffigurazioni che lasciavano uno spazio ben più ampio all'umanità e all'intimità della nuova tradizione artistica.

La pittura bizantina

Accanto al mosaico, la tecnica che maggiormente veniva utilizzata per decorare gli edifici era la pittura, e in particolare l'affresco. Le caratteristiche generali erano a grandi linee le stesse del mosaico più in generale: vengono recuperati molti elementi provenienti dalla tradizione classico-ellenistica, pur rivedendoli e correggendoli per cercare di rispondere al meglio alle esigenze religiose della nuova fede.

Per questo, troviamo prevalentemente una prospettiva frontale, che permette al colore di essere steso in modo maggiormente uniforme, evitando qualsiasi sfumatura, e alle forme di risultare più fisse e stabili: era questa un'ennesima manifestazione simbolica della certezza e dell'immutabilità della fede. Volendo quindi riassumere le caratteristiche della pittura bizantina, troviamo una mancanza di volume e tridimensionalità e quindi la frontalità delle figure, che vengono rappresentate tutte con le teste alla stessa altezza (una convenzione estetica che prende il nome di isocefalia), con un'espressione severa e lo sguardo fisso, ma comunque con indosso abiti preziosi e variopinti. A questa staticità si accompagna una certa ripetitività dei gesti, che appaiono vuoti e sospesi nello spazio, soprattutto per via della mancanza di un reale piano di appoggio per i personaggi. Per quanto riguarda lo sfondo invece, solitamente esso è monocromatico, nella maggior parte dei casi totalmente in colore oro, con la sola presenza di alcuni elementi vegetali che svolgono sia un ruolo riempitivo che decorativo.

Da questo breve riassunto, possiamo capire che ci troviamo di fronte al simbolismo più puro, che non rispetta in alcun modo le esigenze naturalistiche che erano tipiche delle opere di stampo classico. Come abbiamo avuto modo di ripetere più volte, in questo periodo abbiamo principalmente la necessità di riflettere una dimensione trascendente, che potesse suggerire al fedele una realtà immateriale che difficilmente egli avrebbe potuto immaginare con le sue sole forze. Ancora una volta, l'intento quindi è celebrativo, certo, ma anche e soprattutto didattico.

Bisogna comunque specificare che nessuna delle opere più antiche purtroppo è sopravvissuta; abbiamo solo qualche testimonianza degli affreschi nelle catacombe romane risalente all'VIII secolo, oltre a quelli nella chiesta di San Demetrio a Salonicco. Tuttavia, abbiamo qualche opera di grande valore, sia storico che artistico, risalente ai secoli subito successivi, soprattutto per quanto riguarda le regioni della Cappadocia e dell'Anatolia. Rimangono inoltre degni di essere menzionati anche diversi affreschi ciprioti, tra i quali i più notevoli sono quelli sulle pareti della chiesa della Panagia Phorbiotissa ad Asinou, risalenti al XII secolo.

Per quanto riguarda gli affreschi rimasti in Italia, essi si concentrano principalmente nelle chiese rupestri delle regioni meridionali, in particolare in Puglia e Basilicata. Si tratta di opere realizzate da quei monaci che fuggivano dall'Asia Minore durante il periodo dell'iconoclastia e soprattutto in seguito all'invasione dei turchi musulmani.

In riferimento ai due secoli seguenti, invece, bisogna nominare gli affreschi nel territorio della ex Iugoslavia, che per raffinatezza e delicatezza sono la massima testimonianza arrivata fino a noi della Rinascenza paleologa. È evidente da questi esempi come nell'ultimo periodo le opere avessero iniziato a risentire degli influssi dell'arte italiana della seconda metà del XIII secolo.

Le icone

All'interno del discorso sulla pittura, inoltre, è necessario elaborare un discorso separato per quanto riguarda la fondamentale arte della pittura delle icone: si tratta di tutte quelle rappresentazioni di Gesù, della

Vergine, di santi e delle Dodici Feste che sono diventate parte integrante della cristianità ortodossa.

Queste icone potevano essere realizzate secondo le tecniche più varie. Sicuramente i metodi più utilizzati erano il cosiddetto "encausto", una tecnica pittorica che si basa sull'uso di colori mescolati alla cera attraverso il calore, la pittura a tempera, in cui il colore viene ottenuto mescolando pigmenti in polvere con un legante formato da parti oleose miste ad acqua, il mosaico, la pittura su tavola, la quale prevede il supporto di tavole di legno, oppure la pittura su muro.

Come possiamo ben vedere nella chiesa ortodossa del mondo d'oggi, che molto ha mantenuto delle tradizioni bizantine, le icone hanno sempre avuto un'importanza notevole, dal punto di vista religioso ma non solo. E infatti, era lo stesso stato a riporre grandissima fiducia nel potere di queste immagini, tanto da farle assurgere al ruolo di protettrici a livello civile. Basti pensare che ci sono state icone che sono diventate persino palladi[6] dello stato bizantino.

Anche dal punto di vista artistico, però, l'importanza delle icone non fu certo inferiore. Esse giocarono un ruolo fondamentale in tutte quelle aree sottoposte al controllo politico e culturale dell'impero, e ne influenzarono le correnti artistiche. Basti pensare al fatto che la pittura su tela venne in seguito recuperata in occidente proprio grazie alla trasmissione delle icone, e che sempre ad esse si deve la grande importanza che la pittura su tavola ricoprì dal XII secolo in avanti nell'arte europea, e soprattutto in quella italiana. Secondo diversi storici dell'arte, molte produzioni di pregio dell'arte occidentale non sarebbero altro che adattamenti delle icone alla diversa struttura delle chiese d'occidente e alle differenti liturgie.

Sicuramente una delle raccolte più straordinarie del mondo in quanto a icone è quella conservata presso il Monastero di Santa Caterina sul

---

[6] Il palladio era un simulacro, solitamente ligneo, che si riteneva avesse il potere di difendere un'intera città (o in questo caso uno stato) dai nemici o dalle avversità. Il nome deriva dal fatto che il primo palladio era una statua della dea Atena, detta anche Pallade Atena sulla base di un mito. Si raccontava infatti che la dea avesse ucciso per sbaglio la compagna di giochi Pallade, e che quindi in segno di lutto ne avesse preso il nome e avesse fatto costruire questa immagine, chiedendo che rimanesse accanto a Zeus sul monte Olimpo.

Monte Sinai, in Egitto. Qui sono infatti conservato icone antichissime e di grande pregio.

La scultura bizantina

Infine, occorre spendere qualche parola su una tecnica artistica sicuramente meno in voga durante il periodo bizantino, ma comunque degna di nota: la scultura, e in particolare la scultura lapidea. E infatti, a differenza di quanto avvenne in occidente, nell'impero d'oriente la scultura non si separò mai dalla sua principale funzione decorativa di opere architettoniche ben più ampie, e sono davvero rarissime le sculture che sono state prodotte come tali, così che rimanessero autonome.

Sicuramente un'importante causa per questa scelta fu la diffidenza verso l'utilizzo delle sculture da parte della cultura religiosa orientale, per via del fatto che quasi tutte le statue che si erano accumulate a Costantinopoli nel corso dei secoli (ed erano veramente tante) erano di fatto statue classiche, che quindi rappresentavano soggetti della tradizione greca e romana. Del resto, la nuova tradizione teologica aveva opinioni ben precise sulla rappresentazione sacra, soprattutto in vista della disputa con l'iconoclastia: ci si sarebbe occupati prevalentemente di produzione pittorica.

Al di là di tutto questo, comunque, anche nel campo della scultura l'arte bizantina ci ha lasciato molte opere di pregio, soprattutto per quanto riguarda le lapidi e tutto ciò che riguardava il mondo della sepoltura. E infatti, un ruolo centrale era svolto dalle cosiddette "arti suntuarie", vale a dire la lavorazione a scopo artistico dei materiali preziosi: poteva trattarsi di pietre e cristalli, ma anche di avorio o di diversi tipi di metalli.

Per quanto riguarda la lavorazione dei metalli, lo scopo era principalmente quello di realizzare dei reliquiari o comunque degli arredi sacri. Solitamente veniva accompagnata anche dalla produzione di decorazioni in smalto, un'altra delle tecniche artistiche che si sviluppò negli anni del dominio bizantino. Sicuramente, però, le vette più eccelse dal punto di vista qualitativo vennero raggiunte con la lavorazione dell'avorio, una vera e propria perla dell'arte bizantina. Tra le opere di maggior pregio possiamo annoverare l'Avorio Barberini[7] e la cattedra vescovile di Massimiano[8].

---

[7] Anche conosciuto come dittico Barberini, si tratta di una tavoletta di avorio comporta da quattro placche con incisioni a bassorilievo e ad altorilievo, e raffigura l'imperatore trionfante. Si tratta di un'opera molto antica, datata al VI secolo, e ad oggi è conservata al Museo del Louvre di Parigi.

[8] La cattedra non è altro che un trono episcopale in legno ricoperto di placche di avorio. Anche quest'opera risale al VI secolo, ed è attualmente conservata a Ravenna in onore di Massimiano, primo arcivescovo della città, per il quale venne realizzata.

CAPITOLO 3

L'arte islamica

Prima di procedere con l'arte gotica, che abbiamo già avuto modo di nominare nei capitoli precedenti, è necessario un breve excursus sull'arte islamica, un concetto davvero ampio che tuttavia trova la tua perfetta collocazione proprio in questo punto del nostro libro. Ma facciamo un passo indietro.

Con il termine arte islamica (spesso utilizzato anche al plurale) si fa riferimento a tutte quelle opere che vennero prodotte a partire dall'Egira[9] (corrispondente all'anno 622 del calendario cristiano) fino ad arrivare al XIX secolo da tutti gli artisti che hanno vissuto in territori storicamente e culturalmente legati all'Islam (quindi non per forza musulmani). È chiaro quindi che si tratta di una corrente artistica veramente molto ampia, che ne comprende molte altre.

Volendo comunque trattarla come un macro-insieme, possiamo dire che, quanto meno all'inizio, l'arte islamica ha mosso i passi a partire dalla tradizione romana e bizantina, per andare poi ad intrecciarsi anche con quella persiana e quella (molto florida) cinese. E infatti, nelle prime opere possiamo trovare alcuni tratti che abbiamo già avuto modo di discutere nei capitoli precedenti: il tentativo di rappresentare elementi astratti, la stilizzazione delle forme (soprattutto di quelle umane), l'abbandono di una prospettiva tridimensionale.

---

[9] La parola Egira fa riferimento all'esodo di Maometto dalla Mecca alla volta di Yathrib (che in seguito venne rinominata Medina) insieme ai primi devoti musulmani. L'evento era conseguenza tanto dell'ostilità dei suoi concittadini quanto del ruolo di potere che gli era stato offerto dalle tribù di Yathrib in cambio del suo aiuto per la gestione dei rapporti ostili tra le varie comunità dell'oasi.

Possiamo inoltre tentare di dividere questa corrente in quattro principali momenti storici. Il primo corrisponde agli anni compresi tra il 660 e il 750 e viene detto degli Omayyadi[10]. Segue poi il periodo medio degli Abbasidi[11] e della dinastia dei turchi Selgiuchidi[12], che si colloca intorno al 1100, e quello dei Safavidi[13], con cui arriviamo al 1600. Infine, si arriva all'ultimo grande periodo storico, quello della rinascita dell'arte sotto il dominio degli Ottomani, un impero che è sopravvissuto per ben 623 anni, fino al 1922.

Come si può facilmente intuire, è impossibile definire un contesto storico dell'arte islamica, dal momento che si tratterebbe di un'opera titanica che in buona parte esula dallo scopo di questo volume. Per questo, inizieremo subito a descrivere le tecniche artistiche principali, con particolare riferimento al periodo di nostro interesse e soprattutto al bacino del Mediterraneo, che è il nostro focus principale. Nella fattispecie, il periodo che ci interessa è quello della dominazione musulmana della Sicilia e dell'Italia meridionale, che risale al IX secolo e che portò significative novità alla produzione artistica della regione.

L'architettura islamica

In realtà, del periodo iniziale della storia islamica (quello che precede il IX secolo) ci rimane ben poco a livello architettonico, dal momento che non c'era ancora nessuna grande dinastia a fare da "mecenate" agli artisti. La principale opera che proviene dai secoli precedenti è la Casa del Profeta a Medina, di cui esistono numerose testimonianze scritte sebbene ad oggi non esista più. Si narra che questa casa fosse il primo posto in cui

---

[10] Omayyadi era uno dei clan più ricchi della mecca ai tempi del profeta Maometto.

[11] Gli Abbasidi governarono dal 750 al 1258 e in parte dal 1261 al 1517.

[12] I Selgiuchidi erano la dinastia dominante in Asia centrale e in Medio Oriente, governando per diversi secondi, in particolare dal XI al XIV. Grazie al loro potere, riuscirono a creare un impero che si estendeva dall'Anatolia ad alcune regioni della Cina. A quei tempi era uno degli imperi più vasti in assoluto.

[13] I Safavidi furono una dinastia-confraternita turca che governò la Persia tra il 1501 e il 1736. Possono essere considerati i creatori dell'Iran, dal momento che hanno unificato le province della regione sotto un unico potere centrale.

dei musulmani si fossero ufficialmente riuniti, sebbene si ritiene che la preghiera sia possibile in ogni luogo.

Dal punto di vista architettonico, comunque, la Casa è sicuramente un'opera importante, perché è la rappresentazione per eccellenza della moschea a pianta araba, che prevede un cortile con una sala di preghiera ipostila[14]. Tuttavia, siccome la struttura era composta con materiali deperibili (in particolare legno e terra battuta) non ne rimane assolutamente nulla. Sulla sua presunta posizione sorge attualmente la grande moschea di Medina.

È curioso notare come l'Islam sia in effetti nato in regioni in cui l'arte era in precedenza poco diffusa sebbene fossero circondate da imperi che in questo senso erano particolarmente prolifici. Proprio per questo, quanto meno all'inizio l'arte islamica utilizza molte delle tecniche e delle tematiche dei paesi confinanti, soprattutto per quanto riguarda la costruzione di oggetti.

Tuttavia, con l'arrivo del periodo degli Omayyadi, l'architettura sia religiosa che civile inizia a svilupparsi secondo una propria direttrice. Ecco allora che la pianta araba di cui parlavamo poco fa diventa davvero un modello da cui partire per costruire la maggior parte degli edifici. Sulla base di questo modello, infatti viene costruita la Moschea degli Omayyadi a Damasco, che diventa un vero e proprio caposaldo di questo stile.

All'interno della pletora di costruzioni arabe, sicuramente un ruolo di spicco è ricoperto dalla Cupola della Roccia a Gerusalemme, che prende chiaramente spunto dalla tradizione bizantina (come si può intuire dai mosaici con lo sfondo dorato e dalla pianta centrale) ma che tuttavia presenta tratti puramente islamici, come per esempio il grande fregio dell'iscrizione. E anche i Castelli del deserto che si trovano in Palestina offrono esempi molto chiari di architettura civile e militare, sebbene gli studiosi non concordino sull'uso definitivo di queste strutture: apparentemente potevano svolgere funzioni diverse a seconda del luogo in cui erano collocate.

---

[14] Si definisce ipostilo uno spazio chiuso con un tetto sostenuto da colonne. Questo tipo di struttura esiste fin dall'antico Egitto, ed è stato particolarmente utilizzato dall'arte islamica.

Le costruzioni architettoniche dell'arte islamica prendono forme specifiche, soprattutto in relazione alla loro funzione religiosa. Sicuramente l'edificio più comune è la moschea, ma non è certo l'unico: esistono infatti anche le madrase[15], i luoghi di ritiro, e così via.

A loro volta, queste grandi categorie possono assumere forme differenti a seconda dell'area geografica. Quasi tutte le moschee seguono la pianta araba che abbiamo visto in precedenza, tuttavia le decorazioni e le forme cambiano in modo significativo. Le moschee maghrebine, per esempio, adottano una pianta a "T" con navate perpendicolari alla qibla[16]. In Egitto, invece, o in Siria, le navate sono parallele ad essa. In Iran vengono utilizzati il mattone per la struttura e lo stucco e la ceramica per le decorazioni, e si preferiscono forme architettoniche strettamente islamiche, come gli iwan[17], mentre invece in Spagna gli elementi architettonici variano ampiamente, soprattutto per quanto riguarda gli archi. Insomma, c'è una varietà di applicazioni molto ampia.

Con il successivo spostamento dei centri di potere verso est, le capitali artistiche che salirono alla ribalta furono Baghdad e Samarra, che tuttavia esulano dalla nostra area di interesse.

La pittura e l'arte del libro

L'arte islamica si concentra particolarmente sulla calligrafia, e molto raramente si occupa di figure umane. Questo dipende in larga parte dalla sensibilità religiosa musulmana: si ritiene infatti che la raffigurazione di esseri umani possa portare ad una forma di idolatria che costituisce un peccato contro Allah, e come tale è proibita dal Corano. Oltretutto, il

---

[15] Nella storia della cultura islamica, la parola madrasa indicava una scuola. Tuttavia, a partire dall'XI secolo, questo termine arrivò a designare l'istituto di studi superiori in cui si ultimava l'apprendimento religioso iniziato nella moschea.

[16] La qibla non è altro che la direzione della città di La Mecca, alla quale i musulmani devoti rivolgono il viso nel momento della preghiera.

[17] L'iwan è un ambiente chiuso e coperto ad un'estremità di un palazzo che si apre verso l'esterno e il cui ingresso è sormontato da un arco, che tipicamente è l'arco persiano.

tentativo di riprodurre la realtà costituisce esso stesso un peccato, perché indica un tentativo dell'uomo di voler imitare l'opera dello stesso Allah, come per mettersi al suo stesso livello.

Questa sensibilità, che esisteva dal principio della fede islamica, è a tutti gli effetti la base di quella che più avanti sarebbe diventata l'iconoclastia. Infatti, questo tipo di riflessione influenzò anche l'arte bizantina, dal momento che generò un periodo di crisi che costrinse numerosi artisti a trasferirsi a Roma e a dare origine alla cosiddetta Rinascenza bizantina, che (lo ricordiamo) ebbe un'importanza fondamentale sulla costruzione dell'arte occidentale successiva al IX secolo.

Tuttavia, bisogna precisare che l'arte islamica rifiuta la rappresentazione delle figure umane solo nei luoghi di culto o comunque nelle opere di tipo religioso, mentre esiste una libertà maggiore qualora sede e tema siano profani. E di fatti, come vedremo a breve, molto dell'arte islamica non è affatto religiosa. In questo senso, l'Islam è considerato più come un comune contesto culturale che non come un'effettiva religione. Contrariamente a quello che si può pensare (e a molte false informazioni che sono state diffuse nel corso dei secoli) esistono parecchie rappresentazioni umane, animali e persino raffigurazioni di Maometto: semplicemente, nulla di tutto ciò può essere trovato all'interno dei luoghi religiosi (con alcune rare eccezioni).

Ciò detto, l'arte islamica, anche quando viene utilizzata come mezzo di culto, non smette di essere anche un veicolo di bellezza. Non a caso è all'interno di questa tradizione che viene sviluppato l'arabesco quale stile ornamentale generale, un insieme composto da elementi calligrafici e motivi simbolici che poteva essere utilizzato senza problemi anche in un contesto di preghiera. E proprio per questo, a mano a mano che le conquiste territoriali da parte del mondo musulmano riuscivano a trovare sempre nuove zone di influenza, di pari passo si sono anche andate ad aggiungere nuove commissioni stilistiche in tutti i continenti in cui la diffusione procedeva stabilmente: in Asia, in Africa e anche in Europa il gusto estetico è andato ad unirsi alle tendenze locali, continuando sempre a mantenere il rispetto dei dogmi religiosi.

Bisogna anche specificare che queste diverse pitture, soprattutto quelle architettoniche, sono assolutamente opere di pregio a livello artistico. Basti pensare a quelle conservate nella Cappella Palatina, all'interno del Palazzo dei Normanni a Palermo, che fu terminata intorno al 1140, ma anche ai molti mausolei e luoghi sia di culto che di potere. È proprio questa grande molteplicità di influenze provenienti da tradizioni differenti che rende l'arte islamica tanto interessante: lo spostamento degli artisti attraverso le diverse regioni occupate contribuiva allo sviluppo di molte correnti artistiche che altrimenti non avrebbero mai visto la luce.

In un contesto tanto variegato, l'unico elemento in comune tra le varie culture islamiche era l'impiego di una scrittura comune a tutta la civiltà. Anche l'importanza della calligrafia era tanta, e proprio per questo, l'arte del libro rappresenta uno dei punti di forza della tradizione islamica, anche perché riesce ad unire in un'unica opera diverse tecniche: la pittura, la legatoria, la calligrafia, e la miniatura (vale a dire tutti i disegni e gli arabeschi che venivano posizionati nei margini di pagina o accanto ai titoli).

In realtà, anche l'arte del libro ha comunque una realizzazione lievemente diversa a seconda del paese di riferimento. Si dividono infatti tre domini distinti: quello arabo per i manoscritti siriani, egiziani e del Maghreb, quello ottomano e quello persiano per tutti i manoscritti creati nella regione iraniana. Ognuno di questi gruppi possiede un suo stile particolare, tanto da aver creato una scuola specifica, con artisti e convenzioni proprie. Esistono comunque delle influenze tra scuole, soprattutto visto che si sviluppano parallelamente e che anche i confini geografici non sono definiti in modo così netto. Oltretutto, anche gli artisti continuano a spostarsi, creando un ulteriore mescolamento.

Le arti minori

Oltre all'architettura e alla pittura, gli artigiani islamici si sono specializzati anche nelle cosiddette "arti minori". Solitamente con questo termine ci si riferisce a tutte quelle attività che fanno parte delle arti decorative nel senso più ampio del termine.

Nelle terre islamiche, così come in molte civiltà extra-europee o appartenenti alle epoche più antiche, queste attività sono state utilizzate non solo a fini utilitari ma anche artistici, portando la lavorazione ad un livello di eccellenza che di fatto le eleva ben al di sopra del semplice artigianato trasformandole in una vera e propria forma d'arte. Ecco allora che la "scultura" (nel senso più lato possibile del termine) viene usata principalmente per motivi non religiosi, e gli artigiani riescono a mostrare una maestria notevole in quest'arte, posto che a seconda della zona di applicano tecniche del tutto diverse. Principalmente, ciò che ci interessa rispetto all'area geografica su cui ci stiamo concentrando sono le arti del metallo, della ceramica, del vetro, della pietra intagliata e del legno scolpito o intarsiato.

In particolare, nelle regioni dell'Italia meridionale si diffonde la lavorazione della ceramica, spesso non vetrinata, o a volte con vetrinatura monocroma trasparente verde o gialla[18]. In realtà, questo tipo di tradizione è rimasto fin dai tempi del periodo preislamico. Molti studiosi infatti affermano che la tradizione ceramista di tradizione islamica riprenda in effetti tutta una serie di elementi che venivano già utilizzati dagli artigiani occidentali, come per esempio i fogliami vegetali (soprattutto per quanto riguarda le foglie d'acanto, che erano molto diffuse) oltre che diversi elementi mutuati dal mondo naturale. un'altra categoria di elementi che sono stati ideati da popoli precedenti e che si sono conservati in questo tipo di attività sono quelli creati dai sasanidi[19], come per esempio i famosi motivi ad ali.

---

[18] Nella produzione ceramica, la vetrina è un rivestimento di vetro trasparente che viene applicato sull'opera di base. Questo tipo di copertura serve sia per impermeabilizzare la ceramica che a fini decorativi.

[19] L'impero sasanide è noto anche come secondo impero persiano e regnò su quell'area dal 224 al 651. È considerato l'ultimo impero persiano attivo in epoca preislamica, e nel corso della sua esistenza riuscì ad assurgere fino a diventare

I temi e le iconografie dell'arte islamica

Vogliamo aggiungere una breve riflessione sui temi e le iconografie reali dell'arte islamica. Infatti, solitamente quando si tratta di questo tipo di arte, si finisce a parlare semplicemente dell'arte religiosa (che d'altra parte è una tematica fondamentale per tutte le correnti artistiche del periodo) oppure ci si limita a fare riferimento ai motivi geometrici e ad arabeschi che sicuramente dominano l'arte pittorica e architettonica islamica. Tuttavia, è bene sottolineare come in realtà esistano moltissime rappresentazioni figurative (anche che non rientrano affatto nell'ambito religioso) che hanno diritto di essere valutate.

È innegabile che la religione abbia giocato un ruolo centrale nello sviluppo di questo tipo di arte, principalmente perché si tratta del filo rosso che unisce tutti i popoli che fanno parte di questa corrente. Bisogna però considerare che il mondo islamico è diventato a maggioranza musulmano solo nel corso del XIII secolo: prima di allora, numerose fedi entravano in gioco della costruzione di una cultura condivisa, e con un ruolo non certo trascurabile. In particolare, tutta la zona che si estendeva dall'Egitto all'attuale Turchia era manifestatamente cristiana, mentre il mondo indiano era già fortemente induista; esistevano grandi percentuali di animismo nella zona del Maghreb, ma soprattutto un ruolo fondamentale era svolto dallo zoroastrismo, che predominava in tutta la Persia e quindi nelle province del suo impero.

Tutte queste religioni inevitabilmente facevano parte della cultura che si era creata nella zona, però non necessariamente trovavano una manifestazione esplicitamente artistica. Sicuramente però si trovava una grande influenza sulle opere letterarie, e di conseguenza sulla calligrafia. Ogni musulmano poi aveva il dovere di imparare a scrivere il Corano, il che naturalmente ha contribuito alla diffusione di questa forma d'arte. Nel momento in cui prende piede questa teoria, tuttavia, le tematiche non

---

una delle maggiori potenze dell'Asia occidentale, meridionale e centrale, tanto da collocarsi alla pari con l'impero romano prima e quello bizantino poi. Dal punto di vista artistico, si trattò di uno dei maggiori periodi di fioritura della civiltà iraniana, tanto che buona parte di quella che in seguito fu la cultura musulmana venne creata in questo periodo.

religiose smettono in buona parte di essere presenti in questa forma d'arte: si conservano principalmente nelle ceramiche, dove si possono liberamente rappresentare figure umane e animali senza il timore di incorrere nelle ire divine. La questione della rappresentazione figurativa rimane comunque una delle più complesse del mondo islamico, tanto più che la sua evoluzione la rende ancora più difficile da comprendere.

Le influenze islamiche nell'arte occidentale

Concludiamo quindi questo capitolo con una riflessione sulle influenze che l'arte islamica ha avuto sul mondo occidentale. In particolare, questo tipo di processo ha avuto luogo nei confronti dell'arte cristiana nel periodo tra l'VIII e il XIX secolo, quindi nel corso del Medioevo e del Rinascimento. Durante questi secoli centrali per lo sviluppo della cultura occidentale, la distanza tra cristianità e islamismo era decisamente ristretta, e in qualche modo fluida: le popolazioni erano in uno stato di spostamento e scambio costante, e mantenevano relazioni regolari sia a livello diplomatico che commerciale, facilitando così le commistioni culturali e artistiche.

L'importazione delle arti islamiche in Europa ebbe inizio nel Medioevo, anche se la maggior parte degli oggetti sopravvissuti che sono arrivati fino a noi sono quelli che erano in possesso della chiesa.

Questo tipo di contatto avvenne inizialmente soprattutto in Italia meridionale, e in Sicilia in particolare, e nella penisola iberica: entrambe le regioni infatti ospitavano una percentuale significativa di popolazione musulmana. In seguito questo tipo di scambio si ampliò anche alle repubbliche marinare, che comunque conservavano il monopolio per quanto riguardava il commercio delle opere d'arte. Questo tipo di commercio non fece altro che ampliarsi ulteriormente con l'arrivo delle crociate. Sebbene la lotta ai territori e alla fede islamica fosse uno dei temi caldi del periodo, infatti, questo non impedì mai ai crociati di portare in Europa tutti quei manufatti e quei prodotti che venivano considerati di grande pregio artistico.

Anche in questo modo, le tecniche caratteristiche di questi popoli iniziano ad arrivare con sempre maggiore forza nelle regioni occidentali, tanto da diffondersi tra tutte le popolazioni, anche le più insospettabili. Basti pensare a titolo esemplificativo ai popoli normanni: la loro conquista della Sicilia fece sì che queste tre grandi tradizioni si intrecciassero in maniera indissolubile, creando uno stile completamente nuovo, caratterizzato da mosaici e sculture, soprattutto in avorio e bronzo.

Naturalmente la questione era decisamente più complessa per quanto riguarda la Spagna e il Portogallo, in cui i musulmani avevano dominato per parecchio tempo creando dei veri e propri regni. Dall'unione di queste due tradizioni nacque l'arte mozarabica, una corrente del tutto nuova.

E questa miscela di stili non fece altro che incrementarsi nel corso della dominazione, e soprattutto negli anni della Riconquista[20], fino a sviluppare un altro stile del tutto nuovo, quello mudéjar, che ora vedremo meglio.

Arte decorativa

Durante il Medioevo, come abbiamo detto, vennero importati dal mondo islamico tutta una serie di oggetti che derivavano dalle diverse arti decorative. Questa importazione avveniva principalmente attraverso l'Italia, e soprattutto grazie alla città di Venezia, e non ci deve certo stupire: in moltissime aree dell'Europa la produzione artistica non poteva minimamente competere con quella del mondo islamico, soprattutto in tutte quelle zone in cui non c'era stata alcuna influenza da parte del mondo bizantino.

---

[20] Con il termine Riconquista si fa riferimento al periodo storico, durato quasi ottocento anni, in cui avvenne la conquista dei regni moreschi (vale a dire la parte della penisola iberica sotto il dominio musulmano, corrispondente a grandi linee all'odierna Spagna e Portogallo) da parte degli eserciti cristiani, che culminò nel 1492, quando l'ultimo dei governanti musulmani venne espulso dalla penisola. La conquista fu seguita da una serie di editti che costrinsero alla conversione i musulmani spagnoli, che furono poi sistematicamente espulsi dalla penisola.

L'importazione riguardava principalmente due tipi di oggetti.

Da un lato vi era la tessitura. Si trattava per la maggior parte di fronte a tessuti particolarmente importanti, che venivano utilizzati per confezionare abiti liturgici, sudari per le figure più importanti, tendaggi e abiti per i personaggi più abbienti dell'epoca. Anche gli arazzi avevano ampio successo. Anche in questo caso, tra l'altro, si iniziano ad avere delle mescolanze di stili. È in questo periodo infatti che la seta bizantina (una produzione di cui l'impero andava molto fiero) venne influenzata dai tessuti sasanidi e islamici, tanto da rendere difficile distinguerli. E infatti, con il passare del tempo i tessuti europei, e in particolare quelli italiani, raggiunsero gradualmente la qualità dei loro corrispettivi orientali e iniziarono ad adottare sempre più elementi provenienti proprio dai loro disegni.

Dall'altro lato vi era invece il mondo della ceramica. Anche in questo caso, quelle islamiche di qualità più ampia venivano genericamente preferite ai loro corrispettivi europei. D'altro canto, la ceramica bizantina, per quanto di indubbio valore artistico, non veniva mai ritenuta di grande qualità da parte del mondo islamico dal momento che veniva utilizzato l'argento. Moltissimi insegnamenti dell'islamismo si erano pronunciati apertamente contro il consumo di materiali preziosi. Proprio per questo sviluppò una serie di alternative in ceramiche pregiate che molto spesso prendevano anche spunto dagli insegnamenti degli artigiani cinesi, che in quel periodo erano già diventati famosi in tutto il mondo per le loro porcellane.

Tuttavia, perché il mondo islamico producesse effettivamente oggetti in porcellana bisognerà aspettare ancora qualche secolo: non avverrà fino al periodo moderno. Per il momento, si limitavano ad utilizzare la ceramica, appunto, che veniva importata in tutta Europa e soprattutto in Spagna. Con il tempo questi oggetti vennero inoltre influenzati apertamente dalle tematiche e dalle tradizioni occidentali. Si trattava principalmente di oggetti con decorazione strettamente ornamentale, che rappresentavano scene di caccia o comunque di vita quotidiana. Solitamente, inoltre, si evitava di aggiungere qualsiasi tipo di iscrizione, in modo da non offendere la sensibilità europea, che in fin dei conti era strettamente cristiana.

Ben presto, furono gli stessi occidentali a comprendere ed acquisire le tecniche di questi bravissimi artigiani, tanto che già nel XV secolo gli italiani producevano delle ceramiche di qualità utilizzando forme prettamente di tradizione islamica, come per esempio l'albarello[21] o il mortaio. Particolarmente degne di nota sono anche le famose brocche zoomorfe di metallo, che vennero chiamate "acquamanile".

Infine, anche la calligrafia divenne oggetto di importazione. Uno degli stili calligrafici più elaborati ed esteticamente piacevoli della tradizione araba era il cufico: ebbene, ben presto questa forma di scrittura iniziò ad essere imitata in occidente, sia durante il Medioevo che nel corso del Rinascimento, fino a produrre il cosiddetto "pseudo-cufico". Questa forma puramente ornamentale veniva utilizzata soprattutto all'interno dell'arte religiosa europea, sia come effettivo mezzo di scrittura che per decorare tessuti, oggetti liturgici o cornici. Abbiamo delle testimonianze di questo utilizzo anche in alcuni dipinti di Giotto.

Arte mudéjar

Accennavamo poco fa alla nascita dello stile mudéjar in Spagna. Questo stile è la naturale conseguenza della convivenza tra popolazioni così differenti nella Spagna medievale, e contribuì a formare buona parte delle correnti artistiche successive nella penisola. Basti pensare allo stile plateresco dell'architettura spagnola, uno stile molto ornato che voleva imitare i lavori di argenteria che venivano realizzati proprio dagli artigiani islamici in Spagna.

Particolarmente interessante all'interno di questo stile è l'unione della lavorazione della ceramica con quella del metallo. Questa tecnica permetteva di realizzare gli "azulejo", piastrelle di ceramica con una superficie smaltata e decorata, che solitamente veniva applicata su edifici particolarmente sontuosi (prevalentemente in Portogallo).

Si dava così vita anche a vasi, piatti, vasche e soprattutto lampadari, che divennero un vero e proprio prodotto tipico di alcune province, come

---

[21] L'albarello era il recipiente che veniva utilizzato nelle farmacie per contenere le spezie, i prodotti erboristici o i principali preparati medicinali.

per esempio Siviglia o Granada. D'altra parte, anche a Toledo vi era un'ingente numero di artisti provenienti da Damasco, dove la forgiatura di lame in acciaio era diventata appunti una vera e propria arte.

Infine, anche in architettura il mudéjar ebbe una propria chiara applicazione, con la creazione di vere e proprie tecniche originali, come gli archi a ferro di cavallo, le arcate cieche e i campanili a forma di minareti, oltre a ornamenti tipicamente islamici, come gli arabeschi e i soffitti a cassettoni decorati a intarsi. Questo tipo di estetica sarebbe poi stata applicata a molti edifici appartenenti a stili ben diversi, come il romanico e il gotico, e anche nel corso del Rinascimento, creando uno stile ibrido artisticamente molto interessante, soprattutto per quanto riguarda l'utilizzo dell'arco a ferro di cavallo, della decorazione a stucco cesellata policroma e dell'applicazione degli azulejos.

L'architettura islamica in Europa

Un altro ambito in cui l'influenza islamica fu sicuramente importante fu l'architettura.

Per quanto riguarda la presenza in Sicilia, la cultura arabo-normanna che si andò a creare fece sì che ad edifici prettamente cristiani venissero incorporati elementi puramente islamici: probabilmente venivano utilizzati degli artigiani locali trasferiti che lavoravano seguendo le proprie tradizioni. Si pensi a titolo esemplificativo alla Cappella Palatina a Palermo: con il suo soffitto con archi a volta in legno e le figure dorate, riflette molte delle tecniche che venivano utilizzate per creare profondità.

Sicuramente uno degli elementi più utilizzati sia in Spagna che in Francia che proveniva direttamente dalla tradizione islamica è il cosiddetto "arco a diaframma", che venne usato per tutto il Medioevo e oltre. Si tratta di un arco posto trasversalmente rispetto all'asse longitudinale di un edificio, e sormontato da un setto murario generalmente fino a raggiungere persino le travi del tetto. Si tratta di un elemento che veniva utilizzato per creare un ritmo regolare di separazione dello spazio interno ad un edificio, oltre ad essere estremamente funzionale per sostenere il tetto. Diversi studiosi, inoltre, suggeriscono che esso venisse urato anche come una sorta di tagliafuoco, al fine di prevenire gli incendi. Questo tipo di arco venne utilizzato pressoché in ogni tipo di edificio con grande successo: chiese, refettori, dormitori e infermerie.

Un altro elemento molto utilizzato è l'arco appuntito, che ebbe origine nell'impero sasanide (seppure ci siano delle testimonianze anche per quanto riguarda l'impero bizantino) e comparve inizialmente in Siria. Si tratta in buona sostanza di un arco ellittico curvo, che al centro della volta presenta un culmine appuntito il cui scopo era ben chiaro: questo tipo di struttura riduceva notevolmente la spinta architettonica, e aveva quindi notevoli vantaggi pratici rispetto agli archi romanici, soprattutto nel momento in cui si trattava di costruire edifici di grandi dimensioni.

L'arco appuntito è diventato l'arco caratteristico dell'architettura islamica per eccellenza, venendo di conseguenza applicato anche nelle zone in cui questo stile arrivava. Ne abbiamo un esempio chiarissimo nella chiesta di Sant'Apollinare in Classe a Ravenna, per esempio, ma non solo. Si diffuse ampiamente anche in Sicilia grazie al dominio islamico, e poi da lì ad Amalfi e nel resto dell'Italia.

Questo arco poi divenne anche una caratteristica distintiva dell'architettura gotica. E di fatti, moltissimi studiosi percepiscono anche delle somiglianze tra l'architettura gotica e quella islamica, tanto da aver supposto che l'una avesse generato l'altra, e in particolare che la struttura della moschea abbia dato origine ad una vera e propria forma d'arte, chiamata appunto "saracena". Si arrivò persino ad utilizzare il termine "Gotho-saraceno", in modo da ricondurre espressamente alle abitudini dell'arte musulmana. Si tratta di una teoria che, per quanto non vada per la maggiore, contiene comunque un fondo di verità: è infatti inevitabile che due correnti artistiche coeve si influenzino a vicenda in maniera importante e visibile.

Infine, occorre fare un ultimo riferimento a quello che è un elemento centrale del Medioevo: la presenza dell'ordine dei cavalieri templari, ordine religioso cavalleresco cristiano tra i più famosi di sempre. Quando fu fondato il nucleo originario dei Templari (1119), venne loro data come quartier generale la moschea conosciuta come Tempio di Salomone.

Lo scopo dei Templari era quello di proteggere i pellegrini europei che andavano a visitare Gerusalemme.

Ebbene, sarà proprio dal modello del tempio di Salomone, molto importante per la cristianità, che deriveranno tutte le tipiche chiese circolari che i cavalieri templari costruirono in tutta l'Europa occidentale, e che costituiscono una vera e propria tradizione a sé stante. L'esempio forse più lampante di questo processo è costituito dalla Temple Church (la Chiesa del Tempio, non a caso) a Londra.

L'influenza islamica durante il Rinascimento

L'influenza islamica sull'arte occidentale continuò anche durante il periodo del Rinascimento, posto che approfondiremo questo periodo storico più avanti nel libro.

La prima forma attraverso cui si manifestò fu sicuramente l'applicazione della scrittura pseudo-cufica come motivo decorativo. Sembra che gli occidentali fossero soliti associare erroneamente le scritture mediorientali del XIII e XIV secolo a quelle che erano diffuse al tempo della nascita e della vita di Gesù. Proprio per questo, utilizzavano lo pseudo-cufico come se si trattasse della scrittura utilizzata dai primi cristiani, e quindi come se utilizzandola potessero sentirsi più vicini alla fede primigenia.

Non tutti gli studiosi, però, concordano con questa interpretazione. Alcuni ipotizzano che gli artisti rinascimentali fossero perfettamente consapevoli che non fosse quello il caso, ma che riconoscessero comunque in quel tipo di scrittura un'intenzione coerente con quella che intendevano mettere in pratica. In buona sostanza, proprio come il cufico veniva utilizzato nei paesi arabi come calligrafia estetica alta per manifestare la propria fede, esso poteva svolgere la stessa identica funzione anche all'interno di una religione ben diversa.

Durante il Rinascimento continuò anche il commercio e l'imitazione di tappeti di origine mediorientale, soprattutto provenienti dall'impero ottomano o dall'Egitto. Questi pregiati oggetti non venivano solo usati per la loro funzione primaria, ma diventavano anche parte dei dipinti, soprattutto a partire dal XIII secolo e per quanto riguarda la pittura religiosa.

I tappeti erano diventati un tale status symbol da diventare parte integrante dell'immaginario cristiano, tanto da essere utilizzati anche per la decorazione delle chiese, soprattutto quelle evangeliche. Spesso fornivano lo sfondo per la narrazione delle scene più diversi: personaggi siriani, palestinesi, egiziani e soprattutto mamelucchi venivano inseriti, in modo piuttosto anacronistico, in una serie di dipinti che si proponevano di descrivere episodi biblici.

Infine, la tradizione si mantenne anche nella creazione di particolari ornamenti. Verso la fine del XV secolo, si sviluppò a Venezia, all'interno dello stile occidentale, un ornato basato esclusivamente sull'arabesco islamico. Esso era appunto chiamato "moresque" o "arabesque occidentale", e si diffuse ampiamente nei secoli XV e XVI.

Il moresco era caratterizzato da diversi rami che formavano un motivo a fogliame intrecciato. In seguito, da questo schema di partenza hanno avuto origine numerosissime varianti: i rami per esempio, che solitamente avevano una forma piuttosto lineare, prendevano le sembianze di lunghe fasce, oppure cinghie, abbandonando il riferimento al mondo naturale. Caratteristico di questo motivo era il fatto che fosse praticamente impossibile individuarne l'inizio o la fine, e proprio per questo era particolarmente adatto per le rilegature o i ricami, e soprattutto per le bordature, per cui era necessario nella maggior parte dei casi un motivo che si richiudesse su sé stesso.

Questo moresco veniva abitualmente utilizzato in una serie di circostanze diverse, ma soprattutto all'interno delle arti decorative e soprattutto dell'arte dei libri. Per secoli e secoli, coloro che si occuparono di libri del periodo medievale e rinascimentale continuarono a curarli utilizzando piccoli motivi moreschi per decorare i volumi, fino ad arrivare ai giorni d'oggi: poteva trattarsi per esempio di ornamenti sulla copertina, sui bordi delle illustrazioni oppure come riempitivo per le zone vuote della pagina.

Di pari passo si svilupparono anche le stampe ornamentali, solitamente composte da pergamene biforcate, che venivano poi acquistate come modelli da artigiani che si dedicavano alle tecniche più diverse. Anche in questo caso, il moresco era sicuramente la rappresentazione che maggiormente decorava i bordi di queste stampe: era diventata una vera e propria moda.

Questo tipo di motivi di possono ben notare in molti dipinti religiosi come rilegature di libri particolarmente importanti. Per esempio, in un'opera del Mantegna intitolata "San Giovanni Battista e Zenone" vengono ritratti dei libri evidentemente preziosi che riportano dei disegni in chiaro stile islamico. È indubbio quindi che l'arte islamica continuò a giocare un ruolo fondamentale nella produzione occidentale per molti secoli (e continua a giocarlo tutt'oggi).

CAPITOLO 4

L'arte gotica

Siamo quindi arrivati ad uno dei periodi artistici più ricchi di opere che tutt'oggi sono ben visibili e apprezzabili: l'arte gotica.

L'arte gotica iniziò a manifestarsi intorno alla metà del XII secolo, e continuò a fiorire fino al XIV secolo. Nacque intorno a Parigi per poi diffondersi in tutta Europa, fino a portare poi alla nascita nel Rinascimento. Fu quindi un fenomeno di portata davvero vasta, e le implicazioni e le caratteristiche che lo contraddistinguono sono molto complesse, dato che riuscì ad includere tutti i settori della produzione artistica, fino a portare sviluppi notevoli anche in quelle che abbiamo definito come arti minori.

Bisogna comunque specificare che si trattò di un periodo storico estremamente complesso, che ebbe conseguenze decisamente differenti a seconda dello stato di riferimento. Se infatti alcuni stati avevano visto nascere il concetto di nazione, altri erano ancora parecchio indietro da questo punto di vista, mentre altri ancora stavano vedendo la nascita di classi sociali del tutto nuove. Sicuramente la nascita della borghesia fu il mutamento sociale più importante del periodo, ed ebbe grandi ripercussioni, sia a livello culturale che artistico, su tutti i secoli successivi.

Oltretutto, inevitabilmente, il gotico si legò in maniera imprescindibile alla fede cristiana, seppure ci furono anche opere notevolissime di natura laica e profana. Insomma, la parola gotico poteva voler dire cose molto diverse, e tutto sommato è ancora così.

Prima di passare ad analizzare le singole tecniche artistiche, però, è opportuno ancora una volta cercare di capire un minimo di contesto storico che ci permetta di districarci in quello che è un vero e proprio labirinto.

Il contesto storico

La nascita ufficiale dello stile risale al 1140, e viene identificata con la costruzione di un'opera architettonica ben precisa, il coro dell'Abbazia di Saint-Denis a Parigi, l'opera per eccellenza di uno stile che ha davvero dato molto dal punto di vista architettonico.

Il contesto storico è quanto mai complesso. Innanzitutto, i musulmani iniziano effettivamente a defluire dall'Europa, e questo permette alle tradizioni e culture locali di emergere maggiormente in modo autonomo, senza un'influenza esterna a condizionarle. Per contro, però, i commerci con l'estremo oriente diventano sempre più importanti, e quindi anche i contatti tra culture aumentano sempre di più.

Parallelamente, come abbiamo già accennato, la situazione in Francia e in Inghilterra (ma anche Spagna e Olanda) è in piena evoluzione, dato che per la prima volta nella storia abbiamo delle nazioni vere e proprie e delle monarchie che le governano. Questo significa che ognuno di questi paesi, oltre ad avere una monarchia e una capitale propria, con un proprio esercito e una struttura giuridica a sé stante (elementi fondamentali per il quadro culturale), iniziano anche ad avere una lingua specifica e tradizioni ben separate.

E anche in Italia, l'altro grande centro culturale e artistico (ma anche di potere) la situazione non è certo più semplice, e sicuramente questo dipende dal fatto che è estremamente frammentata. A nord abbiamo infatti la nascita dei comuni, con tutto ciò che questo significa. La lotta per il potere tra le singole città è costante, ed iniziano a nascere le grandi famiglie signorili, che per mantenere il prestigio e il controllo che è stato loro affidato conteranno sempre di più sul loro ruolo da mecenati.

Al centro, invece, la chiesa e l'impero sono perennemente in lotta per la supremazia sulla regione, in un tira e molla costante. Alla fine, il conflitto si conclude con il definitivo potere del papato sul centro Italia, mentre il sud viene spartito: il regno di Napoli sarebbe andato agli Angiò di Francia, e invece il regno di Sicilia sarebbe andato agli Aragonesi di Spagna.

Questo tuttavia non era certo l'unico problema che la chiesa doveva affrontare in quel periodo. Erano infatti nati numerosi movimenti che chiedevano un rinnovamento spirituale, oltre a numerosi ordini destinati a diventare molto importanti: quelli mendicanti, i domenicani e i francescani. Tutto questo fa sì che nel corso del '300 l'autorità della chiesa entri in crisi: e infatti nel 1309, la sede papale viene trasferita da Roma ad Avignone.

A seguito di questo cambiamento storico, i territori che appartenevano alla chiesa iniziano ad ottenere sempre maggiore autonomia. Nascono così anche in queste zone delle piccole Signorie, in cui il potere è nelle mani e sotto il controllo di mercanti, commercianti e banchieri: sono proprio queste le nuove professioni che portano a fare parte della borghesia, un ceto destinato ad ottenere una predominanza sempre maggiore all'interno di un mondo che ha subito una notevole accelerata verso il futuro in pochissime centinaia di anni.

Naturalmente, la conseguenza più immediata di questo periodo turbolento non è altro che un importante sviluppo culturale e artistico, che viene ulteriormente favorito dalla presenza di numerosi soggetti in grado di commissionare opere importanti e diventare così mecenati a tutti gli effetti. Infatti, non è più solo l'imperatore o il papato a potersi permettere di avere al soldo degli artisti prestigiosi: è arrivato finalmente il turno dei molti monarchi, signori, commercianti e ricchi nobili, sempre più numerosi.

E proprio per questo, durante il periodo gotico, l'arte non ha più solo una funzione religiosa, ma anche e soprattutto civile. È proprio attraverso le opere artistiche, infatti, che i committenti possono ottenere un simbolo di prestigio senza pari, non più simbolo di una forza nobiliare, ma anche di una forza economica.

Inoltre, il periodo gotico è caratterizzato da tre figure tra loro contemporanee che cambieranno per sempre il volto culturale europeo.

Il primo è Federico II di Svevia, re di Sicilia, ma soprattutto imperatore del Sacro Romano Impero. È sicuramente un sovrano illuminato, colto e sensibile all'arte. È lui che per primo fonda un'università, anticipando notevolmente quelli che sarebbero stati i signori del Rinascimento, oltre alla "Scuola siciliana", una scuola poetica che avrebbe ingentilito il volgare siculo con il provenzale, gettando le basi espressive e tematiche che sarebbero poi state riprese dalla Scuola toscana, e che avrebbe anche inventato una metrica del tutto nuova, il sonetto[22].

Questo tipo di atteggiamento nei confronti della cultura era stato fino a quel momento tipico esclusivamente del clero. Il fatto che l'imperatore scelga di seguire questa linea è sintomo di una grande novità: il sapere può anche essere laico, e non è più appannaggio di una fede, come era stato fino a quel momento.

Il secondo personaggio chiave e San Francesco, che ha sicuramente avuto una grandissima influenza sui suoi contemporanei, tanto da essere santificato mentre era ancora in vita. Il suo contributo ha condizionato l'arte per mezzo dei due fondamentali concetti che stanno alla base della sua filosofia di vita: l'esaltazione dei miseri e degli ultimi attraverso la carità e il recupero della fiducia nei confronti della natura.

Il primo concetto rimandava chiaramente ad una riflessione teologica molto importante in quel periodo storico. Si aveva infatti la netta impressione che la chiesa, vista la sua lotta con l'imperatore per il controllo sull'Italia, fosse in realtà interessata più al potere temporale che a quello spirituale. San Francesco, invece, stava chiaramente lanciando un invito al clero: sarebbe dovuto tornare alla sua missione principale. Nel fare questo condiziona profondamente gli artisti, che iniziano ad inserire i miseri e gli ultimi nelle loro opere.

Contemporaneamente, il contatto con la natura come mezzo per avvicinarsi a Dio porta anche ad una riconciliazione dell'uomo con il creato. Anche questo passaggio verrà ampiamente rappresentato dall'arte del periodo.

Infine, l'ultimo personaggio storico fondamentale per l'arte gotica è San Tommaso d'Aquino. San Tommaso ha a tutti gli effetti gettato le basi della filosofia occidentale, e ha tentato di riunire il legame della cultura

---

[22] Il sonetto è un componimento poetico composto da quattordici versi endecasillabi, suddivisi in due quartine a rima alternata o incrociata e in due terzine a rima variabile.

cristiana con quella precristiana, recuperando importanti pensatori antichi, come per esempio Platone, Aristotele e Socrate. Secondo il suo pensiero, molti dei valori fondamentali per gli antichi greci potevano e dovevano essere ripresi anche dal mondo a lui contemporaneo, seppure reinterpretati in chiave cristiana. Ecco allora che il discorso dell'uomo in divenire, tipico del pensiero greco, diventa il cammino dell'uomo verso Dio, e il valore dell'armonia e dell'equilibrio come obiettivo di tutte le cose rimanda all'ideale (condiviso da San Francesco) di una riconciliazione dell'uomo con tutte le cose che lo circondano.

Ecco allora che in questi tre personaggi storici si trovano riassunti i principi basilari del periodo gotico, gli elementi che lo hanno caratterizzato e che ne hanno influenzato tanto la cultura quanto l'arte. Infatti, Federico II di Svevia rappresenta il potere laico, San Francesco la cultura monastica e del popolo e San Tommaso d'Aquino richiama invece la chiesa teologica e istituzionale e per questo anche i ceti borghesi.

Ora che abbiamo ben chiaro il contesto storico in cui ci stiamo muovendo, possiamo passare ad analizzare le singole forme d'arte, in un percorso che ci porterà ad affrontare quella che per eccellenza fiorisce in questo periodo: l'architettura.

La scultura gotica

La scultura gotica viene solitamente fatta rientrare in un periodo storico ben preciso: stiamo infatti parlando dell'intervallo di tempo che va dal XII al XIV secolo.

Sicuramente molto della scultura gotica mosse i primi passi da ciò che veniva prima, vale a dire dall'epoca romanica, della quale troviamo ancora molti elementi come ad esempio la plasticità, il senso del volume, la monumentalità e la rappresentazione della figura umana che invece, come abbiamo visto, mancavano completamente nelle forme d'arte precedente. In linea con queste caratteristiche, la scultura gotica si mosse prevalentemente verso un maggiore naturalismo, un recupero dei modelli classici, e un gusto particolare per tutti i giochi di luce e di linee.

E tuttavia, molto venne anche rinnovato e modificato alla luce del nuovo sentimento artistico e culturale. Dopo molti secoli, si arrivò finalmente ad una rappresentazione della figura umana che fosse realistica e che presentasse anche qualche elemento di piacevolezza estetica. Per contro, però, non mutò molto rispetto al periodo precedente: essa rimase anche in questa fase nulla più di un semplice ornamento delle vere opere d'arte, quelle dell'architettura. Anche in questo periodo, insomma, l'idea di una scultura che fosse opera d'arte indipendente pareva essere inconcepibile.

Tuttavia, nonostante questa fondamentale limitazione che sarebbe perdurata ancora per qualche anno, la scultura registrò anche notevoli progressi: ad esempio venne data molta più importanza a come disporre le sculture all'interno delle costruzioni. Il luogo per eccellenza degli episodi più importanti rappresentati tramite la scultura, vale a dire quelli che riguardavano i personaggi dell'Antico e del Nuovo Testamento, erano naturalmente i portali delle cattedrali, proprio come era avvenuto in epoca romanica.

Tuttavia, a differenza delle opere precedenti, le sculture iniziano a non essere più parte integrante dell'elemento architettonico preso nel suo insieme (come spesso accadeva, per esempio, con gli stipiti dei portali o i capitelli), ma vengono semplicemente affiancate ai diversi elementi portanti. Si tratta sicuramente di un passaggio fondamentale per la storia della scultura, perché proprio tramite questa scelta così innovativa iniziarono ufficialmente a comparire le prime statue a tutto tondo, vale a dire le prime statue che sarebbero poi diventate opere d'arte autonome (seppure in quel primo periodo esse non venissero pensate ed apprezzate come tali).

È difficile per gli studiosi stabilire a cosa fosse effettivamente dovuta questa reticenza alla scultura in quanto tale. Alcuni pensano che potesse ancora essere un retaggio della lotta al paganesimo dei primi cristiani: dopotutto, i primi greci e romani veneravano le divinità della mitologia tradizionale proprio attraverso la costruzione di statue a tutto tondo. Qualunque sia il motivo, comunque, bisognerà aspettare il Rinascimento perché le statue diventassero qualcosa di più di semplici ornamenti collocati dentro le nicchie o sotto le architravi nella forma di cariatidi[23] e telamoni[24].

Da un punto stilistico, invece, le innovazioni della scultura gotica rispetto ai periodi precedenti sono nettamente meno innovativi, anche se hanno sicuramente avuto una grande influenza sulle correnti successive. La figura si slancia notevolmente in lunghezza, e sicuramente le tecnologie più moderne permettono di creare dei giochi virtuosi che prima non sarebbero stati possibili: pensiamo per esempio ai panneggi molto più realistici che vengono realizzati in questo periodo.

Contemporaneamente si torna al tentativo di creare rappresentazioni più realistiche dei movimenti del corpo: si diffonde quindi tra gli artisti il tentativo di studiare l'anatomia umana in modo sempre più approfondito e puntuale, sia per quanto riguarda la fisionomia del volto e del corpo che per la diversità delle espressioni del viso, che erano state pressoché ignorate dall'arte precedente. Questo risultato è particolarmente importante, perché di fatto precede di alcuni decenni ciò che sarebbe accaduto in campo pittorico delle correnti successive.

Per quanto comunque questi tratti rimangano comuni alla scultura dell'intero periodo gotico, sicuramente la corrente prese derive differenti a seconda del paese in cui si sviluppò: ricordiamo infatti che la creazione di stati e nazioni nel senso più moderno del termine causò anche una separazione nello sviluppo dell'arte in quanto tale.

In Francia, il paese che ha dato i natali allo stile gotico, dal punto di vista della scultura questa corrente raggiunse il suo momento di maggiore sviluppo tra il 1150 e il 1250, per poi modificarsi ben presto: cercò infatti subito di rispondere maggiormente ai gusti dell'aristocrazia, con

---

[23] La cariatide è una scultura utilizzata come colonna che rappresenta una figura femminile. Si tratta di un'opera ampiamente diffusa del mondo antico che rimane una costante dell'architettura (seppure con scopi e utilizzi differenti) fino al '700.

[24] Il telamone è una scultura a tutto tondo oppure ad alto rilievo che raffigura una figura maschile (e quindi il corrispettivo di una cariatide). Veniva utilizzato come sostegno strutturale oppure come decorazione, spesso in sostituzione della colonna. L'origine di questo elemento è meno antico rispetto alla cariatide, e tuttavia esso permane all'interno dell'arte fino al periodo Barocco, ovvero fino all'inizio del XVII secolo.

raffigurazioni più lineari e astratti. In Italia, invece, fin dalla seconda metà del XIII secolo iniziarono a nascere importanti scuole scultoree in Emilia, in Puglia e soprattutto in Toscana. In particolare quest'ultima regione si dimostrerà straordinariamente prolifica, e questo getterà le basi per il grande sviluppo artistico che ci sarebbe stato in seguito.

Al di là di queste piccole differenze, comunque, possiamo concludere che anche la scultura del periodo non fa altro che rispondere alle tendenze culturali e filosofiche che dipendevano dal contesto stesso. L'armonia e la naturalezza delle forme, che comunque mantenevano anche i significati allegorici e simbolici che erano stati presenti anche nelle epoche precedenti, richiamavano quelle teorie di cui abbiamo appena discusso ampiamente.

Anche l'umanizzazione dei personaggi (per quanto sempre inseriti in storie di natura sacra) e la ricerca di un'espressività e quindi di un'anima sono tutte caratteristiche che riconducono ad una concezione generale che vuole riconciliare il mondo fisico con quello divino, l'uomo con la divinità. Ecco quindi che l'arte diventa la risposta a quelle domande a cui la Chiesa sembra temporaneamente impossibilitata a rispondere, più impegnata a conquistare il potere sulla terra che a manifestare quello divino. Nella nobiltà dei personaggi rappresentati, anche quando si tratta degli umili e degli ultimi, si trova un riscatto alle condizioni di vita insoddisfacenti, il tutto sorretto da una fondamentale fiducia nella capacità dell'uomo di trovare un significato nella realtà e agire di conseguenza.

Infatti, non è raro trovare, oltre agli episodi della Bibbia, diverse rappresentazioni di elementi più terreni (mesi e stagioni, lavori manuali come agricoltura e artigianato) ma anche altro, come ad esempio i segni zodiacali. Tutti questi elementi devono però sempre essere letti in chiave allegorica, in un discorso più ampio che riguarda i vizi e le virtù. Molto spesso, addirittura, questi elementi astratti vengono personificati e rappresentati come effettivi personaggi, con tratti caratteristici e ripetuti in opere differenti che li rendono riconoscibili a tutti: troviamo quindi le virtù cardinali[25] e quelle teologali[26], ma anche le arti liberali[27], e così via.

Un altro filone rappresentativo di grande valore era invece quello delle figure fantastiche, anche esse da interpretarsi in chiave allegorica. Molte di queste creature venivano tratte dalla mitologia greca e da quella romana, ma vi erano anche diversi bestiari a fare da inspirazione, sia di origine occidentale che orientale (oppure provenienti dai popoli barbari del nord). La maggior parte di queste raffigurazioni prevedeva che diversi personaggi venissero formati dalla fusione di teste e membra umane e animali: anche in questo caso si trattava comunque della reinterpretazione di miti preesistenti, oppure della libera applicazione di motivi dell'arte islamica, indiana e cinese.

La pittura gotica

Un discorso molto diverso, invece, riguarda la pittura, che arriva ad evolversi con un ritardo di circa tre o quattro decenni rispetto alle altre arti. Solo nella seconda metà del XIII secolo, infatti, grazie all'impegno della scuola italiana (in particolare quella toscana, e successivamente anche quella romana), si riuscì ad ottenere un reale progresso. È infatti proprio in questo periodo che emerge la figura di Giotto.

I motivi di questo ritardo non sono certi. Diversi studiosi ritengono che essi furono probabilmente legati ai diversi modelli della pittura rispetto a quelli che aveva avuto la scultura. Infatti, sebbene in epoca

---

[25] Le virtù cardinali, all'interno della religione cristiana, sono quelle virtù morali che costituiscono i pilastri di una vita dedicata al bene. Sono quindi espressamente virtù personali: sapienza, giustizia, fortezza e temperanza.

[26] Le virtù teologali, nella dottrina cristiana, sono quelle virtù espressamente legate al proprio rapporto con Dio. Sono quindi: fede, speranza e carità.

[27] Con l'espressione arti liberali si fa riferimento ad una buona parte di quello che era il percorso di studi di secondo grado nel Medioevo: erano quindi tutte quelle discipline accademiche o professionali che venivano coltivate dalle persone libere in contrapposizione alla servitù. Queste arti si dividevano in Trivio e Quadrivio. Il Trivio raccoglieva le arti umanistiche: grammatica, retorica e dialettica. Il Quadrivio invece raccoglieva quelle scientifiche: aritmetica, geometria, astronomia e musica.

romanica la scultura fosse già stata rinnovata, soprattutto attraverso la riscoperta delle opere della classicità che ancora esistevano, lo stesso non poteva essere detto della pittura, per cui principale modello a cui riferirsi era la scuola bizantina. Oltretutto, in seguito alla quarta crociata del 1204 e al grande successo che aveva portato alla cristianità, questo tipo di opere era diventato ancora più diffuso, lasciando veramente poco spazio da dedicare ad una diversificazione.

In seguito a queste difficoltà, fu solo nella seconda metà del '200 che iniziò ad essere sempre più evidente la distanza tra la capacità narrativa ed espressiva della scultura e quella della pittura. I pittori iniziarono a rendersi conto di quanto la scultura avesse subito delle innovazioni che nel loro campo mancavano del tutto.

Fortunatamente, in sole due generazioni riuscirono a rimettersi in pari, rinnovando del tutto il linguaggio pittorico, fino a recuperare quella spazialità e quella capacità narrativa che sembravano essersi perse, creando così delle figure e delle ambientazioni sia architettoniche che paesaggistiche perfettamente credibili e verosimili. Oltretutto, le nuove tecniche e gli strumenti utilizzati ebbero il pregio di rendere la pratica della pittura ben più economica, e quindi di pari passo aumentò anche la committenza, dando la possibilità di esplorare completamente questa nuova corrente.

Anche in questa nuova fase, naturalmente, qualcosa dei periodi precedenti rimase, in particolare venne conservata la tradizione delle tavole dipinti: gli ordini mendicanti continuavano ad esserne importanti committenti per via della loro praticità e della loro facile trasportabilità. All'interno di questa tradizione, i soggetti erano bene o male costanti. Ci si trovava di fronte a crocifissi che venivano appesi alle navate delle chiese per influenzare i fedeli grazie alla commozione, alle madonne col bambino, che simboleggiavano la chiesa, e a diverse raffigurazioni di santi, tra cui spiccavano moltissimi ritratti di San Francesco d'Assisi.

E proprio ad Assisi arrivò un'altra delle figure di spicco dell'epoca, Giotto. A questo (ora importante) artista sono stati attribuiti moltissimi affreschi, e la sua scuola fu sicuramente innovativa per tutta l'arte italiana del periodo. Tuttavia, alcuni studiosi dissentono sul ruolo rivoluzionario di questi affreschi, sostenendo che in ogni caso la pittura si fosse già evoluta altrettanto anche per quanto riguarda il contesto bizantino. Rimane il fatto, comunque, che la scuola di Assisi, insieme a quella di Siena, fu tra le più importanti del periodo.

L'architettura gotica

L'architettura è sicuramente la forma d'arte più in voga del periodo gotico, si riconosce molto facilmente e si differenzia per molti aspetti da tutta quella precedente. Abbiamo visto come lo stello stile gotico si fa risalire al 1140 proprio per via della costruzione di un'opera architettonica, il coro dell'Abbazia di Saint-Denis, quindi anche la nostra analisi dell'architettura del periodo deve partire per forza di cose proprio da quel momento epocale.

E infatti, è proprio nel 1140 che l'abate Suger decise di ricostruire il coro dell'abbazia benedettina che conservava le reliquie di San Dionigi, che era addirittura il santo patrono di Parigi: era stato il primo vescovo delle Gallie, quindi colui che per primo aveva cristianizzato la Francia, e a questo si deve il suo ruolo tanto importante.

In particolare, Dionigi aveva scritto un trattato ispirato al neoplatonismo in cui parlava della luce in relazione agli angeli. In buona sostanza, nella teoria esposta in questo trattato egli sosteneva che la luce non fosse altro che un'emanazione della divinità, e che quindi essa era il modo in cui gli esseri umani, strettamente terreni, potevano esperire sensibilmente la realtà soprannaturale.

L'abate Suger stava già pensando da tempo di ricostruire l'abbazia in onore di San Dionigi, e soprattutto cercando di rispettare le sue teorie, quando l'abbazia stessa assunse un nuovo importante ruolo. Proprio in quel luogo, infatti, erano sepolte le spoglie di diversi re Capetingi, e quindi essa assunse un ruolo davvero molto importante per gli attuali regnanti. Questo diede all'abate la spinta finale che serviva per la ricostruzione, ed egli si dedicò in particolare alla ricostruzione del coro, formato da una serie di cappelle disposte a raggera.

La caratteristica principale, però, sarebbero state le finestre. Ogni parete avrebbe presentato delle ampie finestre, come non se ne erano mai viste prima in una chiesa né altrove, così che tutta la luce possibile potesse entrare nell'edificio. A sottolineare questa caratteristica, tutte le aperture sarebbero state coperte da delle vetrate colorate, che avrebbero reso l'atmosfera interna quasi soprannaturale, riuscendo a dare una forma a quanto San Dionigi aveva scritto nel suo trattato. I fedeli avrebbero davvero potuto percepire fisicamente la divinità.

Naturalmente, un'opera come non se ne erano mai viste di questo tipo richiedeva notevoli innovazioni tecnologiche. La novità più originale fu sicuramente la scomparsa delle mura tento spesse che erano un tratto tipico delle costruzioni romaniche. Ora infatti il peso dell'edificio non veniva più sostenuto dalle pareti, bensì dai pilastri, che venivano collocati sia all'interno della struttura che lungo il suo perimetro. Ma i pilastri da soli non bastavano: vennero quindi aggiunte anche ulteriori strutture secondarie, come gli archi rampanti e i contrafforti. In sostanza, ai singoli pilastri a fascio partiva un elaborato sistema di contrafforti ben più complesso di quello previsto dalle strutture romaniche: vi erano elementi strutturali di ogni tipo, dagli archi rampanti (che spiegheremo meglio a breve) ai pinnacoli (anche loro verranno analizzati tra poco), dai piloni esterni agli archi di scarico.

Grazie allo studio sapiente di questi nuovi espedienti, fu possibile liberare completamente la parete dei carichi che aveva dovuto sostenere fino a quel momento, rendendola così più sottile e permettendo anche la realizzazione di finestre tanto ampie da mantenere complesse vetrate, a loro volta sostenute da elementi portanti.

E le grandi capacità degli architetti non si limitavano certo a questo. Questi nuovi edifici, oltre a potersi permettere delle vetrate straordinarie, potevano anche raggiungere altezze molto più elevate, proprio perché le pareti erano più sottili, fino a toccare i limiti stessi della statica. Basti pensare alla cattedrale di Beauvais, la più alta mai costruita, che raggiunge addirittura un'altezza di 48,5 metri.

La novità assoluta che questo aspetto comportava per l'architettura del periodo ebbe grandissimo successo. E infatti, gli elementi necessari per ottenere questo tipo di edificio sono anche quelli caratteristici dell'architettura gotica più in generale.

Innanzitutto, l'elemento più importante di tutti è sicuramente l'arco a sesto acuto. Questo tipo di elemento architettonico era già ben presente in oriente ed era anche stato ampiamente utilizzato dagli antichi romani. Ciò che rendeva questo arco tanto funzionale era che, a differenza di quello "a tutto sesto" tipico delle chiese romaniche, in questo caso il peso veniva scaricato sui piedritti[28]. Di conseguenza, la spinta laterale era notevolmente minore.

Per di più, questo tipo di arco presenta tutta una serie di vantaggi che vengono ampiamente sfruttati all'interno dell'architettura gotica, ottenendo ottimi risultati sia dal punto di vista pratico che da quello estetico. La chiave di questo successo è sostanzialmente il fatto che l'arco ha sesto acuto ha uno schema geometrico molto particolare: non è altro che il risultato di due archi di cerchio che presentano lo stesso raggio. In questo modo, utilizzando sempre la stessa curvatura è possibile realizzare archi con differenti ampiezze e altezze, permettendo così di semplificare e velocizzare (oltre a rendere economicamente più vantaggioso) l'intero processo di costruzione, cosa ancora più importante se la struttura che si sta creando è posizionata ad altezze notevoli, con tutte le difficoltà che questo può comportare.

Inoltre, sempre mantenendo una curvatura costante, si può avere una maggiore libertà per quanto riguarda le basi e le chiavi di volta, che possono così avere ampiezze differenti e quindi adattarsi alle piante più svariate. In sostanza, questo tipo di arco potrebbe potenzialmente essere utilizzato su qualsiasi tipo di edificio, qualunque sia la sua forma e qualunque sia la sua struttura: un vantaggio non da poco.

Infine, l'arco a sesto acuto viene realizzato attraverso la figura dell'ellisse, e questo permette di ottenere più facilmente degli archi di intersezione, per esempio tra volte incidenti, e le sagomature. In buona sostanze, esso permette di utilizzare delle volte particolarmente innovative in alternativa a quella tradizionale quadrata, come per esempio la volta a crociera ogivale. Questo passaggio segna

---

[28] Un piedritto è un qualsiasi elemento architettonico verticale portante, vale a dire che sostiene il peso di altri elementi. Per esempio, la stessa colonna e il pilastro possono essere considerati particolari piedritti.

definitivamente un passaggio notevole rispetto all'architettura romanica, sia per quanto riguarda la tecnica che per quanto riguarda l'estetica.

E infatti, la seconda caratteristica fondamentale dell'architettura gotica è proprio la volta a crociera ogivale. La volta a crociera è un tipo di copertura formato dall'intersezione longitudinale di due volte a botte, il tipo più semplice di copertura non piana, che ricorda proprio la metà laterale di una botte. La volta a crociera ogivale consiste nella stessa identica intersezione, posto che la volta a botte segua la forma di un arco a sesto acuto. Questo tipo di volta risulta estremamente utile, perché permette di creare anche campate rettangolari o poligonali invece di quelle quadrate più tradizionali, utilizzando anche nervature e costoloni.

Un'altra caratteristica centrale dell'architettura gotica che abbiamo già avuto modo di nominare è l'arco rampante. Si tratta di un elemento architettonico che rappresenta un'evoluzione del contrafforte, un sostegno pieno a sezione quadrangolare collocato in determinati punti della muratura come rinforzo e contro spinta così che le spinte laterali siano reindirizzate verso il suolo e verso l'esterno. Per fare questo, gli archi rampanti vengono collocati a livelli differenti su ogni piedritto, finendo per assomigliare in qualche modo alla metà di un arco a senso acuto.

Infine, l'ultimo fondamentale elemento sono i pinnacoli, anche detti guglie. Essi vengono posizionati in punti particolari, e precisamente quelli su cui gli archi scaricano il loro peso. Si tratta quindi di un elemento fondamentale per la stabilità dell'edificio, dal momento che tramite l'aggiunta di peso riesce a rendere verticale la spinta obliqua che proviene dagli archi. Oltretutto, si tratta anche di elementi che hanno un'evidente valenza estetica, tanto che col passare degli anni conserveranno solo questa natura ornamentale.

Le grandi vetrate

Poco fa abbiamo parlato ampiamente dell'importanza della pittura all'interno dello sviluppo del gotico, ma di fatto anch'essa viene influenzata ben presto dai sistemi costruttivi gotici. Infatti, le nuove grandi vetrate tipiche di questo stile architettonico portano alla necessità di trovare forme di decorazione che fossero alternative agli affreschi sulle pareti. Proprio per questo, le tecniche corrispondenti, così come anche quelle del mosaico, vanno incontro ad un lento declino e diventano sempre più marginali.

Per contro, inizia a sorgere un percorso del tutto nuovo, quello della pittura su vetro, e ad evolversi in modo molto interessante. Si trattava sicuramente di una tecnica molto intrigante, soprattutto perché essendo del tutto indipendente da qualunque elemento strutturale lasciava totale libertà agli artisti rispetto a cosa e come dipingere. Di base, infatti, si trattava semplicemente della realizzazione di vetri colorati che venivano applicati alle finestre e ai rosoni in una particolare disposizione, e a dispetto di questa apparente semplicità diventa ben presto una caratteristica base dell'arte gotica.

Naturalmente, anche in questa fase ci sono alcune difficoltà. Con le sole tecniche del periodo non era possibile utilizzare lastre di grandi dimensioni, quindi, ogni finestra doveva per forza di cose essere composta da diversi pezzi che venivano poi messi insieme. Proprio questo porta gli artisti alla scelta di utilizzare vetri multicolori che venivano uniti tra loro mediante delle cornici formate da listelli di piombo. Una volta realizzato il disegno preparatorio che sarebbe stato seguito alla lettera, ogni pezzo di vetro veniva tagliato utilizzando delle punte metalliche arroventate. Quindi i vari pezzi venivano incastrati nelle parti opposte del listello di piombo, che veniva infine saldato a quello successivo. Quindi si poteva inserire il tutto nella "cornice" definitiva, ovvero un telaio di ferro che veniva poi murato. Centinaia di cattedrali in tutta Europa dimostrano come questa tecnica potesse creare degli effetti di luce e colore davvero stupefacenti.

Un tema centrale a questo proposito era appunto la scelta del colore, che poteva fare tutta la differenza tra un'opera di pregio e una che si sarebbe rovinata in poco tempo. Erano necessari colori che potessero rimanere direttamente sul vetro, un elemento non certo scontato per l'epoca. La sostanza che sembrò essere la migliore fu la grisaglia, un composto formato da polveri di vetro, ossidi ferrosi, acqua e colle animali. Bastava quindi spalmare il comporto sul vetro per ottenere un colore opaco, che veniva poi grattato in superficie con del legno per riscoprire la trasparenza del vetro. Quindi si cuoceva il tutto, ed ecco che il vetro diventava colorato per sempre.

Le tematiche rappresentate all'interno delle vetrate erano tutto sommato molto simili a quelle centrali per la scultura e la pittura, dal momento che rispondevano alla situazione storica, sociale ed economica di riferimento. Proprio per questo, le narrazioni sacre vengono sempre più attualizzate, proprio per trovare una vicinanza con il mondo che i fedeli esperivano davvero: i personaggi delle sacre scritture iniziano ad essere vestiti con indumenti contemporanei e i luoghi raffigurati sono quelli che effettivamente circondano la cattedrale di riferimento.

Detto ciò, comunque la simbologia religiosa rimane l'argomento portante, soprattutto dato che le vetrate erano (almeno all'inizio) riservate alle cattedrali e che erano il mezzo in cui vi entrava la luce, simbolo di Dio. La rappresentazione più frequente è naturalmente quella della trinità. Seguono quindi i quattro evangelisti, oppure le costruzioni che richiamano il numero sette, come per esempio i sacramenti, i doni dello Spirito Santo oppure i giorni della creazione come vengono narrati nella Genesi.

Bisogna comunque specificare che, contrariamente alla tendenza europea, in Italia continuano ad essere ampiamente utilizzati anche i mosaici e gli affreschi.

Il significato divino dell'architettura gotica

Insomma, come si può ben capire da questo elenco di caratteristiche architettoniche e non solo, il vero punto di forza dell'architettura gotica (ma anche dell'arte gotica più in generale) che l'ha resa tanto celebre per secoli e secoli è il fatto che ogni elemento estetico, ogni ideale teorico, trova una sua applicazione pratica grazie alle innovazioni tecnologiche. Anche la semplice necessità di ottenere ambienti più luminosi, che potessero sostenere i principi della fede, riesce a diventare reale grazie all'utilizzo di principi costruttivi totalmente rivoluzionari.

È solo grazie a questo impegno architettonico che in questo periodo si riescono a raggiungere traguardi che fino a pochissimi anni prima non erano nemmeno lontanamente immaginabili, fino addirittura a far perdere di importanza al muro, l'elemento che più di tutti sembrava imprescindibile. Questo meraviglioso tipo di costruzione architettonica, del tutto nuova e straordinariamente realizzabile, diventerà un vero e proprio caposaldo dell'architettura, tanto da attraversare tutti i secoli fino ad arrivare al XIX, per cui anche gli artisti più contemporanei, che lavoravano su materiali e con tecniche ben diversi, continueranno comunque ad ispirarsi a questa corrente.

Allo stesso modo, possiamo dire che l'estetica gotica trovi le sue basi nella matematica e nella geometria, e proprio per questo uno dei concetti fondamentali è quello dell'ordine. Ogni edificio, soprattutto se si trattava di un luogo sacro come per esempio la cattedrale (che è l'edificio per eccellenza dell'arte gotica), doveva rispettare delle proporzioni che non erano affatto casuali, né tanto meno determinate da un'estetica superficiale e terrena. L'arte in questo periodo è una vera e propria scienza teorica, che cerca di replicare nella realtà che sta alla portata umana quelle stesse regole che permettono al cosmo di procedere lungo il suo cammino. Insomma, gli artisti cercavano con le loro opere di replicare quella divina.

Questo tipo di ideale artistico trovava la sua applicazione in ogni singola forma d'arte, come per esempio la musica, che cui regole dovevano cercare di ricreare le armonie celesti. E d'altra parte, i primissimi edifici gotici seguivano proprio rapporti numerici che erano analoghi agli intervalli tra le note. A governare questo equilibrio tra uomo e cosmo (come professato sia da San Francesco che da San Tommaso d'Aquino) c'era naturalmente l'intenzione divina, che per prima aveva stabilito la natura divina di alcune proporzioni: a dimostrazione di ciò si richiamava la struttura del mitologico Tempio di Salomone, che come recitavano le scritture presentava delle proporzioni numeriche perfette. E non a caso, è proprio in questo periodo che ci si inizia a riferire a Dio come "architetto dell'universo".

Insomma, l'architettura, proprio come la musica, si doveva per forza di cose basare sull'armonia e la consonanza delle parti, e veniva sviluppata in base alla manifestazione di figure geometriche perfette. Proprio come Dio aveva dato una forma all'universo, così l'artista poteva dare forma agli edifici seguendo le stesse regole perfette: l'architettura era quindi considerata come un mezzo concreto per comunicare con Dio e sentirsi più vicini a lui.

Ecco allora che l'architettura assume in occidente lo stesso suolo che le icone avevano in oriente: permette di andare oltre l'immagine fissa dell'arte pittorica, cogliendo così l'essenza divina che sta dietro a tutte le cose per mezzo dell'uso dell'intelletto, lo strumento per eccellenza che Dio ha donato al genere umano. Questo spiega anche perché ci fosse anche in occidente una certa avversione per le immagini sacre, sebbene non si raggiunsero mai i livelli estremi dell'iconoclastia vera e propria. E tuttavia alcuni ordini, come per esempio i cistercensi, arrivarono proprio a proibire qualsiasi forma di arte figurativa nelle chiese, lasciando che l'architettura trasmettesse ogni significato e aprisse gli occhi ai fedeli.

Posto quindi che rimangono costanti tutte le caratteristiche fondamentali che abbiamo elencato finora, l'architettura gotica viene solitamente suddivisa in cinque fasi fondamentali.

La prima fase è quella del protogotico, che si colloca tra la prima metà del XII secolo e gli inizi del XIII secolo. È prettamente un'architettura di transizione, che rimane a metà strada tra il romanico e il gotico e che apre la strada a quello che sarà il movimento successivo. Abbiamo quindi il gotico classico, che solitamente corrisponde alla prima metà del XIII secolo e che trova la sua massima espressione nella Cattedrale di Notre-Dame a Parigi. Si tratta di un'ulteriore passo verso la realizzazione di quegli ideali che abbiamo avuto modo di descrivere fino ad ora.

Seguono poi due fasi che sono tutto sommato di transizione ed elaborazione di quanto era stato ideato fino a quel momento. Prima abbiamo il gotico francese, che appunto si caratterizza proprio per l'ampio studio svolto in questa nazione, e poi il cosiddetto "rayonnant", che va all'incirca dalla metà del XIII secolo alla metà del XIV secolo. Questo periodo in particolare fu caratterizzato dal tentativo di realizzare edifici sempre più grandi, sia all'interno che all'esterno, aumentando anche il numero e la dimensione delle vetrate. In particolare, viene aggiunto un grande rosone, così come un lucernario, in modo che potesse entrare ancora più luce. Infine aumentarono le decorazioni, sia quelle interne che quelle sulla facciata, rendendo gli edifici ancora più ricchi e belli.

Ma è sicuramente l'ultima fase, quella del tardo gotico, che dà maggiori soddisfazioni agli storici dell'arte.

Il tardo gotico

Quest'ultimo periodo si colloca tra il 1370 e buona parte del XV secolo (ma in alcune zone fino al secolo successivo) e si tratta sicuramente di uno dei momenti fondamentali per la costruzione del linguaggio figurativo del '400 insieme al Rinascimento e all'arte fiamminga. Bisogna comunque specificare che difficilmente avremmo avuto questa corrente artistica senza l'importante contributo delle corti rinascimentali, che hanno contribuito alla sua diffusione in tutta Europa. A tutti gli effetti, il tardo gotico rimase la forma d'arte predominante per tutta la prima metà del XV secolo, fino a quando il Rinascimento riuscì finalmente ad affermarsi a Firenze a partire dalla seconda metà del secolo.

In questa fase, le arti figurative smisero in un certo senso di riflesso dei fenomeni storici o sociali del periodo e delle conseguenze culturali e filosofiche che essi avevano. Iniziarono invece a svolgere un ruolo di "compensazione": attraverso la fantasia e la costruzione di un modo perfetto e aristocratico si cercava di modificare la propria percezione della realtà contemporanea, che invece creava parecchia insoddisfazione.

Possiamo quindi affermare che dalla fine del '300, il gotico iniziò a svilupparsi in una direzione del tutto nuova rispetto a quella che aveva seguito nei due secoli precedenti, e questo dipese principalmente da un mutamento del contesto storico europeo. Bisogna infatti comprendere che tra la fine del '300 e i primi decenni del '400 la società era diventata ancora più diversificata come conseguenza di una realtà economica sempre più dissestata e difficoltosa. A questo di accompagna un declino di quelle che fino a quel momento erano state le potenze medievali per eccellenza: il papato e l'impero. Di conseguenza, anche tutti i ceti sociali che facevano direttamente da contorno a questi grandi personaggi politici, come per esempio i cavalieri e i feudatari, iniziano gradualmente a perdere di importanza.

Tutto questo poteva portare ad un unico risultato: la rivolta. E infatti, proprio in questo periodo iniziano ad esserci sempre più rivolte sia da parte dei contadini sia da parte dei lavoratori salariati[29], tutte represse nel sangue senza alcuna eccezione. Contemporaneamente, questa latente insoddisfazione faceva anche da base al veloce emergere della borghesia, che dava garanzia di una ripresa economica, al contrario di quanto facevano i ceti al potere.

Anche dal punto di vista filosofico e culturale, l'Europa iniziava a prendere una piega molto diversa. Nuove correnti e nuovi pensatori stavano creando un nuovo atteggiamento nei confronti della realtà e della conoscenza, che vedeva l'uomo come protagonista della sua vita e del suo rapporto con Dio, senza bisogno di alcun intermediario (vale a dire senza bisogno della Chiesa).

Questo cambiamento ebbe delle conseguenze ben evidenti sulla produzione artistica che quindi diventò sia un modo per compensare ciò che della realtà non piaceva, recuperando valori del passato, sia un modo per rappresentare la natura in quanto tale, in tutte le sue manifestazioni. Ecco, quindi, che iniziano ad apparire le prime rappresentazioni sanguinolente, macabre e in generale molto forti, con lo scopo di liberarsi delle paure verso la morte e la sofferenza.

Si possono inoltre ritrovare numerosi temi comuni in tutte le manifestazioni di questo nuovo periodo. C'è infatti l'amore per il lusso, sia per quanto riguarda gli oggetti preziosi che per l'eleganza realizzata nelle opere d'arte: si usava molto l'oro oppure altri materiali pregiati. Viene esaltata la figura femminile, e i personaggi sacri vengono utilizzati anche in modo profano, per esempio raffigurando i santi come nobili riccamente abbigliati oppure come membri qualsiasi del popolo.

In ogni caso, il minimo comune denominatore rimane un realismo molto attento ai dettagli: ogni oggetto doveva essere raffigurato nel modo più preciso possibile, tanto da far sembrare alcune opere d'arte addirittura come dei veri e propri cataloghi. Basti pensare, a titolo esemplificativo,

---

[29] Particolarmente importanti sono la rivolta dei Ciompi a Firenze, ad opera dei lavoratori della lana, quella dei "lollardi", un gruppo religioso belga diffuso soprattutto in Inghilterra che si occupava della cura dei malati e dei corpi dei defunti e che subiva forti persecuzioni, e quella dei tessitori fiamminghi.

alla "Visione di Sant'Eustachio" di Pisanello, in cui moltissime specie animali sono accostate le une alle altre, quasi a volerle rappresentare tutte. Per contro, però, convive con questo realismo anche una tendenza ad esasperare le espressioni, tanto da farle diventare quasi grottesche o brutali. Vi era poi un'idealizzazione costante, soprattutto nel momento in cui venivano rappresentati personaggi signorili, che riassumevano quindi dei tratti classici, privi di caratteristiche proprie. Il fatto che tendenze tanto diverse potessero tranquillamente convivere tra loro era un segno evidente della confusione e della frammentazione del periodo.

Per quanto riguarda lo stile, invece, gli elementi che venivano rappresentati all'interno dell'opera d'arte venivano collocati in modo estremamente insolito. Sembrava quasi che ogni figura venisse semplicemente inserita sulla tela in un punto casuale, a prescindere da quanto questa rappresentazione potesse risultare verosimile o corrispondere alla realtà fisica. L'elemento che invece rimane sempre centrale è quello della linea, che può essere morbida o spigolosa ma che comunque viene sempre messa in risalto con colori intensi, che ne evidenzino l'importanza.

Sicuramente anche questo tipo di rappresentazione rispondono al contesto culturale dell'epoca, e in particolare dipendono dagli insegnamenti di San Tommaso d'Acquino, che sostiene l'importanza di un'esperienza diretta della natura come mezzo per conoscere Dio e il genere umano. Solo i sensi possono essere un mezzo reale di conoscenza intellettuale. Da questo principio derivano quindi i principi dell'estetica del tardo gotico, che vede la contrapposizione e convivenza della varietà delle cose e dell'unità che li collega. Ecco quindi che la natura viene definitivamente riscoperta a scopo prettamente spirituale.

Anche dal punto architettonico, gli edifici cambiano notevolmente. La navata centrale diventa molto più alta rispetto a quelle laterali, in modo che la luce che entrava dalle vetrate fosse concentrata soprattutto nella parte più alta della cattedrale. Inoltre, cambia la suddivisione dello spazio interno, che vede una navata sempre più direzionata rispetto all'asse centrale. Entrambe queste caratteristiche riuscivano a trasmettere un'impressione dello spazio notevolmente più eterea, e quindi spirituale.

Verso il '400, poi, l'impulso a costruire enormi cattedrali sembra iniziare a spegnersi, e si iniziano invece a costruire chiese per le parrocchie cittadine più ricche ma anche per gli ordini mendicanti più periferici. La centralità della cattedrale viene quindi sostituito dalle abbazie.

Cambia ancora una volta il modello architettonico, e si iniziano a costruire le cosiddette "chiese a sala", che prevedono che le navate laterali abbiano la stessa altezza di quelle centrali, creando un ambiente interno particolarmente omogeneo. Anche la navata smette di avere un'assialità così pronunciata. Insomma, il nuovo modello architettonico rimanda ad una visione della religiosità ben più terrena e mondana.

Questa nuova visione assume forme differenti a seconda dello stato di riferimento. Sicuramente ci sono innovazioni molto più importanti in Germania, in Inghilterra e in Boemia (ma non solo in questi luoghi). La Spagna invece rimane indietro, continuando per tutto il '400 e il '500 a costruire grandi cattedrali che ricordano quelle gotiche dei secoli precedenti.

Di pari passo, si modifica anche la decorazione delle chiese. L'Europa centrale e l'Inghilterra iniziano ad utilizzare le volte e i costoloni come veri e propri motivi ornamentali, fino a raggiungere in alcuni casi degli effetti di straordinaria complicazione e astrattezza. E in effetti, in base alla nazione di riferimento nascono numerosissime varietà dell'architettura gotica.

Sicuramente la variante più importante, comunque, rimane quella francese. È in questo paese, infatti, che il gotico è nato, ed è in questo paese che si è evoluto nei modi più interessanti e originali. E dopotutto, l'architettura e l'arte gotica di tutta Europa possono essere visti come l'estensione di tutto ciò che è nato proprio in Francia.

CAPITOLO 5

L'arte della Germania e del Nord Europa

Prima di arrivare finalmente a quella che è la conclusione del nostro viaggio nella storia dell'arte del Medioevo, ovvero il Rinascimento, è opportuno fermarci un istante per un breve excursus di quella che è una corrente letteraria meno conosciuta ma pur sempre di valore in Europa: quella della Germania e del Nord Europa. Abbiamo parlato di "corrente" al singolare, ma sarebbe più corretto esprimerci al plurale, visto che si tratta di una serie di manifestazioni artistiche che hanno trovato origine da una serie di popolazioni differenti.

Naturalmente, nel breve spazio offerto da questo volume risulta impossibile trattare nel dettaglio ognuna di queste correnti. Ci soffermeremo quindi su tre di quelle più interessanti e affascinanti: l'arte barbarica, l'arte insulare e l'arte ottoniana.

L'arte barbarica

Solitamente, con il termine arte barbarica si fa riferimento al complesso di tecniche artistiche che sono fiorite nel periodo delle invasioni barbariche nella zona geografica che si estende dal Danubio alla penisola iberica, dall'Africa settentrionale alla Scandinavia e all'odierno Regno Unito. Stiamo quindi parlando di un periodo che va dalla tarda antichità all'alto Medioevo (ovvero al periodo tra il V e il IX secolo).

L'origine di questa corrente artistica è in realtà piuttosto complessa. Sembrerebbe che sia derivata dalle tradizioni dei nomadi che si sono trasferiti dall'Asia al nord dell'Europa, come dimostrano alcune scoperte archeologiche avvenute in Russia, in Siberia e comunque in regioni vicine. Posto quindi che si tratta di qualcosa che doveva essere trasportato facilmente, non stupisce che la tecnica per eccellenza dell'arte barbarica sia proprio l'ornamento dell'oggetto.

Altre tecniche, invece, come per esempio l'architettura, la scultura e la pittura più difficilmente poteva adattarsi ad uno stile di vita nomade. Per questo, le testimonianze che abbiamo in questo senso non dipendevano tanto dai barbari in sé, quanto dalle competenze e dalla cultura dei popoli che sottomettevano nel corso delle invasioni.

Va comunque specificato che questa popolazione non sviluppò mai una propria architettura, né tanto meno una propria forma di scultura. Per quanto riguarda gli edifici, infatti, si trattava in prevalenza di costruzioni in legno che difficilmente sopravvivevano nel corso del tempo. Abbiamo solo qualche testimonianza letteraria nei poemi che celebravano le ricchezze dei territori scandinavi o germanici. La scultura, invece, era diffusa esclusivamente in Scandinavia, e riguardava solo le steli funebri. Questi oggetti cerimoniali venivano ricavati dalla pietra, e solitamente rappresentavano degli episodi caratteristici delle tradizionali saghe nordiche, le navi di legno tipiche oppure fasce decorative.

Per quanto comunque non si tratti di una corrente che ha prodotto opere veramente rivoluzionarie, però, l'importanza che l'arte barbarica ha avuto sulle diverse manifestazioni artistiche dei secoli successivi è sorprendente e innegabile. E questo vale soprattutto per la decorazione a elementi naturali stilizzati, che spesso diventano addirittura un puro elemento geometrico, che veniva solitamente applicata a sculture, armi e mosaici, ma soprattutto ai gioielli.

Oltretutto, tracce evidenti rimangono nell'uso dei corredi funebri. I popoli germanici tenevano particolarmente all'abbigliamento, e questa si è rivelata una fortuna perché ha fatto arrivare fino a noi esempi della loro arte sotto forma di fibbie e ornamenti che venivano seppelliti insieme ai loro proprietari. Sappiamo così che nella maggior parte dei casi si trattava di forme di decorazione estremamente astratte, che si scostavano totalmente da quelle già presenti sul territorio.

L'oreficeria barbarica

Fu in particolare nella tecnica dell'oreficeria che l'arte barbarica raggiunse la sua manifestazione più alta, ed è proprio a questa categoria che appartengono la maggior parte delle testimonianze che sono arrivate fino ad oggi. In particolare, la maggior parte della produzione riguarda elementi come le fibbie, le else, i diademi e le fibule (le spille che venivano utilizzate per assicurare le vesti sulle spalle e in vita.

Questo tipo di decorazioni avveniva in base a due stili diversi.

Il primo stile prende il nome di "policromo", e ha origine direttamente dalla popolazione degli Unni. In realtà, però, abbiamo delle testimonianze anche da parte delle popolazioni che erano precedentemente stanziate sul Mar Nero. La caratteristica fondamentale di questa lavorazione è l'uso di alcune pietre levigate, spesso rosse, che vengono incastonate nell'oro. A volte si tratta di pietre singole, mentre più di frequente si tratta di serie ravvicinate che coprono buona parte della superficie dell'oggetto, lasciando all'oro poco spazio.

Questa tecnica raggiunse l'apice verso la metà del V secolo e si diffuse contemporaneamente in diverse parti dell'Europa, anche e soprattutto grazie alle invasioni da parte dei goti. Sopravvisse poi a lungo, fino al VII secolo, dal momento che veniva utilizzata anche dai Franchi e dai Longobardi. Ricordiamo infatti che nel corso del V e del VI secolo la popolazione dei Longobardi arrivò in Austria e in Ungheria e continuarono ad espandere i loro possedimenti fino ad arrivare in Italia, portando con sé i loro usi e costumi e le loro tradizioni (a differenza dei Goti che invece assorbivano quelli delle popolazioni conquistate).

Il secondo stile decorativo utilizzato, invece, è quello animalistico. Questa diversa tecnica arriva sempre dal bacino del Mare del Nord, e passa dalla Scandinavia prima di arrivare in tutta Europa. In questo caso, l'oggetto decorato più di frequente sono le fibbie e varie guarnizioni, che presentano diverse analogie con produzioni simili realizzate in alcune province romane, come per esempio in Britannia o Pannonia[30].

---

[30] La Pannonia era la regione compresa tra i fiumi Danubio e Sava, e in buona sostanza comprendeva la parte occidentale dell'attuale Ungheria, la parte più orientale dell'Austria fino a Vienna, la parte nord della Croazia e parte della Slovenia.

Si tratta di decorazioni per cui le rappresentazioni geometriche ricoprono tutta la superficie. L'effetto finale può sostanzialmente dare vita a due sottodivisioni. Lo stile animalistico I è caratterizzato da elementi posizionati in modo scomposto e genericamente piuttosto asimmetrico, e non sembra seguire uno schema ben preciso. Ci sono elementi zoomorfi molto semplici, che tuttavia sono ben riconoscibili. Più raramente ci sono anche elementi umani. Lo stile animalistico II, invece, si è sviluppato in seguito, e comprende anche molte influenze provenienti dall'arte bizantina. C'è una maggiore regolarità del disegno, gli elementi zoomorfi sono molto più stilizzati e in alcuni casi vengono addirittura assorbiti all'interno di motivi a nastro più astratti.

Esistono davvero moltissimi esempi di oreficeria barbarica in tutta Europa. Per esempio, in Italia alcuni oggetti molto pregiati sono conservati a Monza e a Firenze, ma non solo.

L'arte insulare

Il termine arte insulare indica solitamente l'arte altomedievale che si sviluppa nelle isole britanniche nel periodo corrispondente, vale a dire tra il 600 e il 900 circa. In questo periodo storico, infatti, sia la Gran Bretagna che l'Irlanda mostravano caratteristiche ben diverse dal resto dell'Europa, soprattutto per quanto riguarda l'arte barbarica.

E infatti, in Gran Bretagna l'arte barbarica finì per spegnersi ed evolversi nelle correnti diffuse nel resto dell'Europa, mentre in Irlanda essa continuò a perdurare fino al '200, vale a dire fino all'arrivo dell'arte romanica, importa sull'isola in seguito alla conquista normanna del 1066. Pertanto, l'arte insulare priva di influenze occupò un periodo molto breve, e si concentrò esclusivamente in Irlanda, Scozia e Northumbria (il regno anglosassone che attualmente occupa le regioni dell'Inghilterra settentrionale e della scozia sudorientale). Tuttavia, la tua influenza arrivò anche all'Inghilterra meridionale e al Galles, fino a influenzare anche parte dell'Europa continentale grazie alle missioni dei monaci irlandesi.

Per comprendere appieno come si sviluppa l'arte insulare, è opportuno ricordare brevemente la situazione politica delle isole britanniche in quel momento. Sia in Scozia che in Irlanda il territorio presentava un'enorme quantità di piccoli regni indipendenti. In Inghilterra, invece, i regni avevano dimensioni maggiori. Va da sé che la società che si era formata in questi luoghi non era minimamente interessata alla costruzione di forme architettoniche monumentali. Per contro, iniziano a diffondersi oggetti, preziosi sia per il materiale con il quale erano costruiti che per le decorazioni che vi venivano applicate. Questi erano estremamente richiesti dai membri di spicco locali, che avevano costantemente bisogno di rimarcare il proprio prestigio e il proprio potere e mantenere così il controllo su una zona.

Purtroppo, questi oggetti erano probabilmente costruiti in materiali deperibili, visto che non ne è sopravvissuto nessuno. Tuttavia, possiamo stabilire le loro caratteristiche di base a partire da varie testimonianze.

Tuttavia, se consideriamo l'arte insulare di per sé, ciò che maggiormente salta all'occhio è come questa sia in realtà ancora una volta una commistione di vari generi e di tradizioni differenti. Da un lato c'erano tutti gli usi delle popolazioni che già abitavano le isole britanniche da tempo, che facevano della lavorazione del metallo il loro punto di forza. Dall'altro, invece, la cristianizzazione di queste aree aveva inevitabilmente portato con sé lo stile artistico che andava per la maggiore nel resto del continente europeo.

Proprio a questa commistione, per esempio, è dovuta l'applicazione di uno stile decorativo molto particolare ai manoscritti, l'oggetto che per eccellenza si era diffuso in un momento in cui la liturgia lo richiedeva a gran voce. Ecco quindi che in questo periodo buona parte della produzione artistica riguarda proprio i manoscritti miniati, tanto che gli elementi decorativi sviluppati dall'arte insulare andranno a manifestarsi anche all'interno dei manoscritti romanici e gotici.

Altrettanto importanti, comunque, rimangono anche le opere di metallurgia e di oreficeria che erano destinate esclusivamente alle classi dominanti e che quindi dovevano simboleggiarne la ricchezza e il potere. Le superfici quindi sono riccamente decorate e preziose.

I manoscritti insulari

I manoscritti furono talmente tanto importanti per l'arte insulare da meritarsi la creazione di un vero e proprio stile proprio, che era caratterizzato principalmente dall'uso di decorazioni astratte di natura lineare, con motivi decorativi intrecciati e geometrici ad abbellire i testi. I colori erano vivaci e venivano accostati per contrasto a creare un gioco che stupiva il lettore.

Queste decorazioni miniate potevano avere quattro scopi principali. Servivano innanzitutto a creare delle cornici decorative per le tavole canoniche, ma svolgevano anche lo stesso ruolo per quanto riguardava i ritratti degli evangelisti. Alcune pagine dei manoscritti, poi, venivano interamente ricoperte di queste decorazioni, mantenendo al centro una grande croce: questo tipo di raffigurazione prendeva il nome di "decorazione a tappeto", e veniva spesso collocata prima dell'incipit di ognuno dei quattro vangeli.

Il più antico manoscritto miniato che sia arrivato fino a noi è probabilmente il Cathach di san Columba, risalente al VII secolo. Si tratta di un salterio[31] mutilo, e la decorazione consiste in buona sostanza nelle sole lettere iniziali che vengono decorate all'inizio di ogni salmo. L'opera presenta già molti degli elementi che sarebbero diventati caratteristici di tutti i manoscritti successivi, come per esempio il modo in cui la decorazione di una lettera influenza quelle successive, oppure il fatto che gli elementi decorativi siano mescolati tra loro senza una logica apparente. Le linee si chiudono in spirali molto caratteristiche e vengono utilizzati l'inchiostro nero e quello arancione per creare una decorazione a puntini. Insomma, abbiamo buona parte delle caratteristiche fondamentali dello stile insulare.

Per quanto riguarda i vangeli, invece, il volume più antico che li riporta è l'evangelario di Durrow, che risale al 650-690 circa. A noi sono arrivate sei pagine decorate a tappeto, alcune pagine miniate e quattro pagine dove compaiono grandi iniziali decorate. È sicuramente interessante notare come ogni pagina di questo manoscritto utilizzi un

---

[31] Il salterio è un volume che riunisce i 150 salmi della chiesa in uno schema settimanale o mensile.

insieme di motivi decorativi significativamente diverso e in qualche modo unico: ai motivi intrecciati con numerosi elementi zoomorfi della tradizione germanica si alternano le spirali della tradizione celtica e alcune figure grandemente stilizzate. È inoltre curioso notare come i colori utilizzati siano solamente quattro, e particolarmente discordanti tra loro: il nero, il rosso, il verde e il giallo.

Altri evangeliari più o meno contemporanei si mostrano addirittura ancora più elaborati e complessi, con decorazioni che possono arrivare ad occupare anche due pagine affiancate e veri e propri ritratti degli evangelisti che ricordano dei ritratti, seppure senza alcun senso di profondità.

Infine, un elemento che separa totalmente le miniature insulari da quelle dell'Europa continentale è il fatto che in questo caso vengono prodotti persino degli "evangeliari tascabili", che sono meno decorati e più piccoli nelle dimensioni ma che rimangono comunque dei piccoli gioielli, ben rappresentativi della tecnica per eccellenza dell'arte insulare.

L'arte insulare del metallo e della pietra

Accanto alla ricchezza dei manoscritti riccamente decorati, l'arte insulare si dedica anche alla lavorazione del metallo e della pietra per creare opere davvero interessanti.

Per quanto riguarda i metalli, la maggior parte delle opere rinvenute rivela come si trattasse di oggetti che venivano nascosti oppure abbandonati improvvisamente, e proprio per questi in molti casi possiamo reperire solo dei frammenti. Le uniche eccezioni sono alcuni oggetti posseduti dalle chiese, come per esempio i reliquiari e le custodie per i libri sacri.

Un'altra utile eccezione sono tutti i gioielli che venivano utilizzati come ornamento personale maschile che venivano sepolti con i loro proprietari. Facevano parte di questa categoria anche i recipienti da tavola o da altare. Quelli più raffinati e di maggiore pregio vengono sicuramente dall'Irlanda, ma ne sono stati trovati alcuni anche nell'Inghilterra orientale, soprattutto nelle necropoli anglosassoni, in particolare per quanto riguarda numerose fibule ora esposte nei musei britannici. Questi reperti ci mostrano come ogni oggetto avesse una storia a sé e caratteristiche peculiari sia per quanto riguarda i dettagli decorativi sia per le tecniche di realizzazione, che comunque rimanevano sempre di altissima qualità.

Per quanto riguarda gli arredi liturgici invece (e quindi anche gli oggetti che li accompagnavano, rimangono solo pochi frammenti, probabilmente perché la maggior parte delle costruzioni era in legno. Rimangono tuttavia molti evangeliari miniati che si trovavano al loro interno, dal momento che avevano le copertine in metallo.

Accanto alla lavorazione del metallo, l'arte insulare si occupava anche della lavorazione della pietra, in particolare per costruire le grandi croci celtiche che ora fanno parte dell'immaginario comune di tutti noi. Si trattava di grandi croci (potevano essere alte fino a 3 metri) con la superficie ricoperta di motivi decorativi geometrici, che venivano solitamente erette accanto ad una chiesa o ad un monastero. Il loro scopo principale era probabilmente quello di segnalare le soste durante le processioni religiosi (anche se diversi studiosi non concordano su questa interpretazione) e iniziarono ad essere sempre più presenti, soprattutto in Irlanda, a partire dal VII secolo.

Dal IX secolo in poi, queste sculture iniziarono a presentare anche decorazioni molto più elaborate. Spesso sul lato esposto a oriente si potevano trovare scene ispirate all'Antico Testamento, mentre sul lato diretto ad occidente lo spazio era occupato da episodi del Nuovo Testamento. Al centro, naturalmente, c'era la scena della crocifissione, l'episodio culminante della narrazione cristiana. Con il passare del tempo vennero raffigurate un numero minore di figure sulla superficie delle croci, sebbene avessero dimensioni più grandi.

Le croci celtiche non si limitarono ad essere utilizzate solo in Irlanda. Ben presto si diffusero anche in tutta la Gran Bretagna e in particolare nella Northumbria, con caratteristiche leggermente differenti. Le croci anglosassoni, infatti, sono di solito più piccole e decisamente più strette, lasciando quindi spazio solo per le decorazioni geometriche più semplici. Sappiamo dalle fonti letterarie che queste croci dovevano essere diffuse per tutta l'isola, insieme ad alcune lastre di pietra decorate che dovevano servire per indicare i luoghi di sepoltura, come una sorta di lapidi ante litteram.

Un caso leggermente diverso è quello della Scozia, in cui la popolazione dei pitti costruì moltissime lastre di pietra decorate nel corso del VI e del VII secolo, molto simili a quelle dello stile insulare, ma decisamente meno influenzate dall'arte classica. Queste lastre derivano direttamente dalla tradizione pagana locale, che erigeva stele monumentali di pietra con figure intagliate sulla superficie.

L'arte ottoniana

Infine, l'ultima corrente artistica della quale vogliamo parlare in questo periodo è quella dell'arte ottoniana. Con questo termine viene indicata tutta la produzione artistica dell'Europa occidentale durante il periodo della dinastia ottoniana, quindi a partire dall'887 (data della deposizione di Carlo il Gorosso) fino all'anno 1000. La dinastia ottoniana è la casata di imperatori del Sacro Romano Impero che regnò ininterrottamente dal 962 al 1024 e che prendeva il nome dal capostipite Ottone I.

Capiamo bene come per comprendere davvero questa corrente sia quindi fondamentale cercare di delineare un contesto storico all'interno del quale potersi muovere. In questo periodo l'impero entra in crisi a causa delle invasioni barbariche, sia da parte dei normanni che dei danesi, ma anche degli ungari e dei saraceni. A questi attacchi dall'esterno si aggiungono anche delle lotte interne alle classi al potere: l'impero finì per dividersi, portando ad una serie di piccoli poteri locali, una situazione che avrebbe poi portato al feudalesimo e ad una riorganizzazione totale del territorio. È in questo momento storico, in buona sostanza, che vengono decise le sorti politiche ed europee dell'Europa.

Questo veloce degenero era avvenuto bene o male in tutta Europa, e tuttavia sembrava essersi interrotto in Germania con la presa al potere di Enrico I, capostipite della dinastia ottoniana. Egli infatti riuscì a fermare un'incursione degli ungari, meritandosi così il rispetto del popolo e mantenendo il potere. Questa linea venne poi tenuta anche dal figlio

Ottone I, che sconfisse definitivamente gli ungari e venne incoronato a Roma nel 962.

Da questo momento in poi, inizierà un periodo di grande controllo da parte dell'imperatore. Venne recuperata la teoria della sacralità del sovrano che era stata utilizzata da Carlo Magno, che venne addirittura potenziata grazie all'influenza dell'ideologia bizantina che proprio in questo momento iniziava ad arrivare anche nell'area germanica: sicuramente in questo senso un ruolo fondamentale era stato giocato dal matrimonio politico di Ottone II con la nipote dell'imperatore bizantino. Proprio per questo motivo, particolarmente importanti dal punto di vista artistico sono i tradizionali oggetti del potere del sovrano, come per esempio lo scettro, la corona o i mantelli, oltre agli arredi del palazzo reale, che iniziano addirittura a ricoprire una carica sacra: basti pensare alla corona del sacro romano impero, costruita in oro e ricoperta da gemme e smalti.

Naturalmente, come la storia ci insegna, questa rinascita dell'impero ebbe vita breve. Tuttavia, il sacro romani impero fu un periodo fondamentale per la storia europea, sia dal punto di vista politico che per le influenze culturali sulle epoche successive.

L'architettura ottoniana

Durante il periodo ottoniano, un ruolo centrale dal punto di vista artistico fu sicuramente giocato dall'architettura. Gli ottoniani infatti cercavano in tutti i modi di ricostruire il grande impero carolingio, che era stato un importante costruttore di edifici ecclesiastici (sia in quanto ad abbazie che a cattedrali). Anche in questo periodo storico, quindi, viene ripresa proprio questo tipo di costruzione, ricalcandone anche le caratteristiche fondamentali. Stiamo quindi parlando di grandi edifici, con un corpo occidentale in posizione totalmente contrapposta al coro, che era riservato all'imperatore. A questi elementi si aggiungevano anche diverse novità tipiche del periodo, come per esempio l'alternarsi di pilastri e colonne e le mura massicce che sostenevano le grandi arcate sulla navata centrale. Erano i capitelli, poi, a presentare tutta l'inventiva di questi artisti, che univano alle foglie dello stile corinzio delle teste umane che richiamano la tradizione romanica, oltre ovviamente ai tipici motivi carolingi.

Il risultato era un edificio maestoso e di pregio, che aveva il potere di strabiliare il fedele con la sua imponenza. D'altro canto, erano proprio gli ecclesiastici di più alto grado a collaborare strettamente con l'imperatore, quindi era perfettamente sensato cercare di ricompensarli con delle opere che fossero alla loro altezza.

Queste opere monumentali si diffusero soprattutto dell'area germanica, dove tutt'oggi ne rimangono importanti testimonianze. Bisogna comunque specificare che buona parte degli edifici costruiti in quel periodo fu ampiamente rimaneggiata nei secoli successivi, sia perché le costanti guerre non facevano altro che creare danni e devastazioni sia perché il gusto cambiava sempre più di epoca in epoca (e non c'era ancora l'attenzione di oggi al mantenimento dell'arte dell'antichità).

Tra le chiese più significative realizzate in Italia in questo stile c'è sicuramente quella di Santa Maria Maggiore a Lomello, eretta tra il 1025 e il 1040. L'edificio presenta tre navate con un transetto ribassato. Gli elementi che più di tutti stupiscono il visitatore sono gli archi trasversali che percorrono tutta la navata e la volta decorata. Oltretutto, le semicolonne che sorreggono questi archi sono inglobare dai pilastri, collocando i capitelli a metà altezza e creando un motivo a croce che è sicuramente un elemento innovativo per il genere.

La pittura e la miniatura ottoniane

Purtroppo ad oggi non possediamo sufficienti esempi di produzione pittorica ottoniana. Questo dipende in larga parte da fatto che si trattava quasi esclusivamente di affreschi che con il tempo sono andati perduti oppure sono stati coperti. Di alcuni, fortunatamente, resistono ancora delle copie ad acquerello che ci permettono di avere un'idea di come dovevano presentarsi durante la loro epoca originaria.

Tuttavia, possiamo ancora vedere un intero ciclo di affreschi raffigurante alcuni episodi della vita di Cristo presso la chiesa di San Giorgio a Oberzell (sull'isola di Reichenau nel lago di Costanza). Queste opere risalgono molto probabilmente alla fine del X secolo, e ci danno un'idea piuttosto realistica di come venivano raffigurate scene del genere durante l'epoca ottoniana.

Lo schema dei personaggi riprende a grandi linee quello delle tradizioni più antiche, e assomiglia in qualche modo a quello utilizzato a Ravenna, soprattutto per come segue e utilizza i tratti dell'architettura per enfatizzare le scene dipinte. Infatti, i santi vengono collocati dentro dei clipei[32] circondati dagli archi, a loro volta coperti da un fregio raffigurante una greca policroma: sicuramente questi elementi rimandano alla tradizione classica della Grecia più antica.

A sovrastare il tutto, le scene che riguardano Cristo sono raffigurate all'interno di cornici rettangolari, a riportare l'affresco nella contemporaneità. Gli episodi che vengono selezionati per essere raffigurati sono solitamente quelli più funzionali a rappresentare un Cristo potente, regale e addirittura eroico, per esempio mentre realizza i miracoli più stupefacenti. Ogni episodio viene anche descritto nella parte inferiore della cornice.

Per quanto riguarda lo stile delle raffigurazioni, esso si distanza in qualche modo da quelli che erano stati gli esempi precedenti. Le figure sono posizionate con grande attenzione in modo da rispondere agli elementi della parete, e gli sfondi sono molto curati e rappresentano anche complesse architetture. Tuttavia, ancora non c'è il sapiente studio della prospettiva e delle dimensioni che sarebbe stata una delle caratteristiche di fondo dei movimenti artistici successivi, e quindi questi elementi finiscono per sembrare vagamente incongruenti.

È comunque interessante notare come questo tipo di affreschi troverà una grande svolta nella seconda fase dell'impero ottoniano. Infatti, in corrispondenza con il matrimonio di Ottone II con la principessa bizantina di cui abbiamo parlato in precedenza, nascerà quel periodo che prende il nome di "rinascenza macedone", per cui anche queste rappresentazioni terranno il passo con le novità che si presentavano in

---

[32] Il clipeo era un grande scudo cavo utilizzato dai soldati della fanteria pesante nell'antica Grecia e prima ancora dai guerrieri della civiltà nuragica, sviluppatasi in Sardegna durante l'età del bronzo. Ciò significa semplicemente che nella maggior parte dei casi i ritratti venivano iscritti in uno spazio rotondo.

altri ambiti artistici (per esempio la miniatura). Durante la rinascenza macedone (che bene o male si estenderà dal IX secolo fino al XI secolo), tutto l'impero poté godere di una grande innovazione culturale. Sia dal punto di vista scientifico che letterario, ma anche per quanto riguarda l'ambito figurativo, ci fu una grande riscoperta di quelle che erano le linee guida dell'antica Grecia.

Ed è appunto proprio la miniatura un'altra delle tecniche particolarmente sviluppate durante il periodo ottoniano, proprio come era stato durante il regno carolingio. Fortunatamente, sono arrivati fino a noi diversi codici miniati, i più importanti dei quali arrivano sicuramente da Reichenau, lo stesso luogo da cui provenivano anche gli affreschi di cui abbiamo parlato poco fa.

E proprio alla miniatura carolingia si rifanno queste nuove opere, soprattutto se consideriamo che in questo periodo iniziano ad essere restaurati i codici più antichi, scegliendo però di aggiungere nuove scene che facciano maggiormente parte del contesto storico e culturale dell'epoca. In alcune di queste miniature viene addirittura rappresentato lo stesso imperatore Ottone, con l'intenzione di sottolinearne la regalità. E infatti, l'imperatore è rappresentato all'interno di un contesto architettonico di fondo che ricalca lo stile dell'antichità, ma è posizionato al centro, in una posizione frontale particolarmente solenne.

Tuttavia, contrariamente a quello che stava succedendo più o meno contemporaneamente nell'impero bizantino, in questo caso tutti i personaggi mantengono completamente il loro realismo e vengono rappresentati con una fisicità del tutto credibile. E anche i colori (che comunque rimangono prevalentemente quelli primari) vengono utilizzati in modo ben più realistico, così che possano amalgamarsi tra loro in modo gradevole alla vista. Per creare il contrasto tra volumi che normalmente sarebbe stato ottenuto in questo modo, vengono invece ampiamente usate le lumeggiature[33].

Con l'ascesa al potere di Ottone III, comunque, si assiste ad un ulteriore sviluppo per quanto riguarda l'arte della miniatura. Per quanto

---

[33] La lumeggiatura è una tecnica pittorica che si basa sullo schiarire le zone in luce rispetto al colore di base. È quindi il procedimento esattamente opposto all'ombreggiatura.

infatti le opere richiamino il modello di quelle precedenti, l'architettura sullo sfondo appare decisamente più stilizzata e iniziano ad apparire anche dei motivi narrativi da leggere in sequenza. Oltretutto, gli artisti iniziano a volersi apertamente discostare dai modelli che erano tipici della Grecia antica. Per questo motivo, possiamo notare una certa libertà di posizionamento delle figure e dei personaggi in primo piano, che tendono a diventare ben più geometrici e stilizzati rispetto alla plasticità che era stata utilizzata nelle opere immediatamente precedenti. Continuano comunque ad essere opere che si distaccano in modo evidente anche dai loro corrispettivi bizantini.

L'oreficeria e la scultura ottoniane

Siamo quindi arrivati alle ultime tecniche artistiche che interessano la nostra scoperta del periodo ottoniano. Proprio come per gli affreschi e le miniature, anche in questo caso sia per la scultura (soprattutto per quella realizzata con l'avorio) e l'oreficeria abbiamo due periodi ben distinti, che seguono tendenze del tutto opposte seppur comunque basate sulla tradizione carolingia.

La prima corrente prende il nome di "corrente aulica", ed è in tutto e per tutto classicista, con tutte le caratteristiche del caso. Abbiamo quindi una netta predominanza della plasticità dei corpi, che solitamente vengono inseriti in un contesto architettonico che presenta archi a tutto tondo e semplici colonne. In qualche modo, questo tipo di rappresentazione ricorda non solo le statue greche ispirate ai racconti mitologici, ma anche e soprattutto l'importazione che avevano avuto i sarcofagi in epoca greca, romana e soprattutto paleo-cristiana.

L'opera che più di tutte è rappresentativa di questo periodo è sicuramente l'Antependium di Basilea (risalente circa al 1024 e conservato ora a Parigi, al Museo di Cluny), un paliotto[34] d'altare in legno ricoperto da oro sbalzato, pietre e perle. Sulla superficie possiamo notare cinque arcate sostenute da colonne, nelle quali sono disposte una

---

[34] Il paliotto è la decorazione o un pannello decorativo di un altare per rivestirlo. Esistono paliotti pressoché di ogni materiale, dalla stoffa, al marmo, all'argento.

serie di figure. Quella centrale più ampia è naturalmente quella del Cristo pantocratore, che come abbiamo già detto in precedenza era sempre il personaggio centrale del periodo. Ai suoi piedi si trovano dei piccolissimi sovrani prostrati, perché anche l'imperatore doveva piegarsi al potere di Dio. Nelle altre arcate, invece, possiamo trovare i tre arcangeli e San Benedetto, anch'essi disposti secondo i canoni tipici tanto dell'arte classica che di quella che si era diffusa più o meno contemporaneamente a Bisanzio.

E come era per la pittura, anche in questo caso la seconda corrente è quella "anticlassica", vale a dire quella maggiormente innovativa e che per questo ebbe maggiore influenza sui periodi successivi. Per spiegare questa corrente è più semplice utilizzare un esempio, vale a dire la coperta eburnea chiamata "Incredulità di San Tommaso", ad opera del Maestro di Echternacht (dal nome del monastero in cui era stato miniato il manoscritto a cui la coperta era stata applicata) e probabilmente risalente alla fine del X secolo.

Questa rappresentazione si discosta profondamente dall'esempio che abbiamo avuto modo di descrivere poco fa. Innanzitutto, le figure appaiono schiacciate nello spazio e per quanto il rilievo sia davvero molto basso ciò non inficia in alcun modo la percezione del volume, che è ben distinta. Al centro abbiamo sempre la figura del Cristo rialzato su un piedistallo, che in ogni caso rimane un tema centrale, soprattutto dal momento che la maggior parte di queste opere erano dedicate a tematiche sacre.

Tuttavia, in questo caso anche questo elemento è leggermente diverso: egli infatti alza un braccio a mostrare la ferita dal costato. Ed è proprio verso questo dettaglio che sembra muoversi San Tommaso, il vero personaggio innovativo della rappresentazione. Il santo infatti non è rappresentato in modo tradizionale, bensì voltato di spalle e con la testa rovesciata verso l'alto. Tutta la sua figura è tesa in un momento di estremo sforzo. Insomma, sicuramente questo tipo di raffigurazione non era affatto tipico né del periodo storico né della tematica di riferimento.

Infine, per quanto riguarda l'oreficeria ma anche la scultura, bisogna specificare che una delle maggiori tendenze artistiche del periodo era quella della scultura in bronzo. E proprio a questa tecnica fanno riferimento alcune delle opere più interessanti dell'arte ottoniana.

La testimonianza per eccellenza, di cui vogliamo parlare brevemente, è costituita dalle porte in bronzo che si trovano sulla parete della chiesa di San Michele a Hildesheim e che risalgono al 1015. Sulla superficie in metallo, possiamo trovare la raffigurazione in bassorilievo di otto episodi differenti per porta, tratti dall'antico testamento: ognuno di essi è incorniciato da un riquadro incolonnato.

All'interno delle scene raffigurate, possiamo notare che gli elementi architettonici e quelli paesistici sono a bassissimo rilievo, mentre le figure umane emergono dallo sfondo in maniera preponderante. Questo tipo di escamotage era spesso usato per conferire maggiore drammaticità alla scena che veniva rappresentata. Si trattava quindi di un'opera di grande pregio, che doveva predisporre il fedele al giusto stato d'animo prima di lasciarlo entrare nella casa di Dio.

Un'altra testimonianza molto interessante di scultura bronzea è anche la Colonna di Cristo, una colonna a spirale istoriata che prendeva chiaramente esempio dalle tradizionali colonne romane, come per esempio la Colonna Traiana. Anche in questo caso, però, il modello classico veniva rielaborato sulla base delle tematiche cattoliche: ecco quindi che le scene incise sulla superficie sono costituite da episodi della vita di Cristo, costruite in modo da dare risalto alla plasticità delle figure. Proprio per questo motivo, quest'opera riesce perfettamente a rappresentare non solo una tecnica artistica molto in voga per il periodo e per la corrente artistica della quale stiamo parlando, ma anche la corrente di pensiero e filosofica che regolava la vita medievale: un connubio di tradizione e innovazione, di racconto mitologico e di religione, di elementi apparentemente contrastanti che tuttavia riuscivano a coesistere perfettamente.

CAPITOLO 6

L'arte del Rinascimento

Siamo finalmente giunti alla fine del nostro percorso artistico, che ci ha portato dalla nascita dell'arte nel senso più moderno del termine, quindi dall'arte paleocristiana, a quella che sarà l'ultima corrente artistica presente durante il periodo del Medioevo. È infatti proprio con l'arrivo del Rinascimento che ha fine il periodo storico comunemente chiamato con questo termine.

Dal punto di vista artistico, solitamente l'arte del Rinascimento viene fatta risalire ai primi decenni del Quattrocento, quando a Firenze iniziarono ad emergere delle caratteristiche artistiche che non avevano mai avuto luogo prima. Da qui, questa corrente si diffuse nel resto d'Italia e successivamente in tutta Europa. La sua diffusione ebbe una tradizione lunghissima, tanto da raggiungere i primi decenni del XVI secolo, un periodo in cui il Rinascimento iniziò addirittura ad essere definito "maturo", proprio perché iniziarono ad essere sempre più evidenti le esperienze di alcuni degli artisti più importanti della storia. Ci stiamo naturalmente riferendo a Leonardo da Vinci, Michelangelo Buonarroti e Raffaello Sanzio.

Tuttavia, per capire esattamente perché l'arte del Rinascimento si sviluppò proprio in questo modo e in questa forma, è necessario fare un passo indietro, e comprendere quantomeno a grandi linee il contesto storico di riferimento.

Il contesto storico

Il Rinascimento si sviluppa tra la fine del Medioevo e l'inizio dell'età moderna (dal XV al XVI secolo). Ci troviamo in un'epoca caratterizzata da moltissimi sconvolgimenti di natura sia politica, che economica che sociale, un po' come era per la fine del Medioevo stesso, i cui i normali canoni e le tradizioni dell'antichità stavano andando a perdersi in luogo della crescita di nuovi paradigmi.

Sicuramente, tra gli eventi di maggior rilievo in ambito politico, che quindi portarono un reale cambiamento rispetto al periodo precedente, ci fu la "questione orientale". Dopo la caduta di Costantinopoli del 1453, infatti, l'impero ottomano stava crescendo sempre di più, ed era riuscito ad arrivare fino all'Ungheria e al territorio austriaco, minacciandone l'indipendenza con una possibile invasione.

Anche sull'altro fronte, però, le cose non andavano affatto meglio. La "questione occidentale" riguardava innanzitutto la nascita degli stati moderni (ricordiamo che è proprio in questo periodo che Francia, Spagna e Inghilterra diventano ciò a cui oggi associamo questo nome) ma anche il passaggio del sacro romano impero a Carlo V. A differenza degli imperi precedenti, infatti, questo regnante si proponeva di accentrare sempre di più il potere, tanto da iniziare ad assomigliare a molte delle istituzioni politiche più moderne.

Centrale per la comprensione del Rinascimento, poi, è la situazione italiana, che non è certo più semplice. In Italia, infatti, ci troviamo di fronte ad una serie di signorie locali più o meno piccole che proprio in questo periodo iniziano a svilupparsi tanto da diventare dei veri e propri stati regionali. Questa pluralità di piccoli poteri, come si può facilmente immaginare, entrarono subito in conflitto tra di loro sia per mantenere la propria autonomia che per compromettere quella dei vicini: e infatti sarà del tutto impossibile creare un'autentica unità nazionale ancora per molti secoli.

Dobbiamo infine considerare un aspetto centrale di questo secolo: siamo ufficialmente di fronte al momento storico forse più importante di sempre, quello in cui viene effettivamente scoperto il Nuovo Mondo. È inevitabile che questa scoperta influenzi in modo fondamentale tutto quello che sarebbe accaduto in seguito. Da questo momento in avanti, infatti, inizia l'epoca delle grandi esplorazioni che portano il mondo ad essere più grande che mai, ampliando gli orizzonti all'infinito. Per contro, però, questo ampliamento porta anche alla progressiva perdita di importanza del Mediterraneo. A questo punto, l'area europea deve per forza riorganizzarsi, e dal XVII secolo si arrivò a creare un nuovo assetto politico-economico con al centro l'Europa nord-occidentale.

Insomma, queste nuove grandi scoperte geografiche, in primo luogo quella dell'America e in seguito anche tutte le altre che sarebbero arrivate, di fatto stavano aprendo delle porte enormi per i nuovi stati nazionali. Ora avrebbero potuto innanzitutto arricchirsi ed espandersi sempre di più, tanto che in futuro avrebbero addirittura creato dei nuovi imperi grandi quanto il mondo intero. Oltretutto, si stavano disegnando nuovi orizzonti anche in ambiti ben più particolari, in parte come conseguenza diretta e in parte come segnale inevitabile del cambiamento epocale che il mondo stava vivendo.

Ecco allora che questo vento di novità era riuscito a raggiungere la religione e il costume, la società e la politica, la filosofia e l'arte. A farla da padrone, naturalmente, un settore su tutti: l'economia. Ora il mondo si era aperto ad un mercato internazionale, creando tutto un livello di guadagni, perdite e potenziali ribaltamenti di sorte che molto riguardavano la nuova classe che aveva iniziato ad emergere nei secoli precedenti: la borghesia, che appunto sul denaro e non più sui diritti di nascita basava la propria caratterizzazione. Sarà quindi proprio dalle fila di questa classe sociale che i sovrani sceglieranno i loro nuovi collaboratori, e saranno proprio loro a decidere le sorti del nuovo mondo che si stava andando a creare.

Il contesto culturale

Altrettanto importante per la comprensione del Rinascimento è anche il contesto culturale che si era venuto a creare, al quale abbiamo già in parte accennato poco fa.

Firenze in questo momento storico era al centro della rivoluzione culturale che stava avvenendo in Italia, sebbene all'inizio la cosa non fosse tanto evidente. Tutte le opere del periodo, tanto artistiche quanto culturali, lasciavano intendere che il legame con le origini romane della città non fosse mai stato tanto forte (basti pensare, a titolo esemplificativo, alle opere di Francesco Petrarca). E infatti, gli artisti ripresero in maniera piuttosto uniforme quelli che erano i canoni tradizionali dell'epoca classica, sia per quanto riguarda l'antica Grecia che Roma.

Si trattava quindi di una rinascita che però molto aveva a che fare con ciò che era già presente: o meglio, con ciò che era venuto prima. Perché infatti ciò che davvero caratterizzava il "nuovo" rispetto al "vecchio" era proprio il fatto che in mezzo c'erano stati i cosiddetti "secoli bui", ovvero il Medioevo. La storia recente era percepita come qualcosa di poco elevato, di artisticamente e culturalmente povero, e quindi per contrasto il passato più antico iniziava ad essere percepito come qualcosa di mitologico ma anche di recuperabile e ripetibile. È quindi l'epoca della filologia, dello studio di ciò che è passato per trarne l'immagine più autentica possibile a fare da esempio, senza imitare ma creando sempre cose nuove.

Questa ideologia di base si applicava a tutte le tematiche culturali e sociali. La percezione dell'uomo e del mondo che lo circonda cambia in maniera incontrovertibile. Ora è l'uomo ad autodeterminarsi, a coltivare le proprie doti e soprattutto il proprio intelletto non solo per sopravvivere e combattere la sorte avversa, ma anche per riscrivere il proprio destino e riuscire così a dominare la natura modificandola. Le potenzialità del genere umano vengono celebrate e ritenute l'elemento che conferisce dignità all'individuo, e per la prima volta questa dignità non riguarda solo lo spirito (lato umano naturalmente legato a Dio) ma anche e soprattutto il corpo: questi due elementi sono ora uniti in un unicum che rappresenta la persona in quanto tale.

Per contro, anche questo modello (seppure avesse moltissimi seguaci, e anche particolarmente entusiasti) aveva i suoi lati negativi. Il successo o l'insuccesso di un individuo si basava esclusivamente sulla forza del singolo e su quanto egli fosse in grado di combattere la sorte avversa, e non più su un Dio caritatevole e rassicurante che aiutava gli umili e puniva i malvagi, come era stato per il Medioevo.

E le scoperte in ambito scientifico certo non restituivano la fiducia in questo senso. Il sistema tolemaico, che vedeva la terra al centro dell'universo e tutti gli altri corpi celesti dediti a ruotare intorno alla sua centralità, era stato definitivamente sconfitto dal sistema eliocentrico di Niccolò Copernico: ora era il sole a stare fisso al centro del sistema solare, e tutto l'universo vi ruotava attorno, terra compresa.

Questa sostituzione era stata letta dagli studiosi in chiave strettamente simbolica: la certezza di una realtà in cui l'uomo era al centro del piano di Dio aveva ora ceduto il posto ad un modo dominato dall'incertezza dell'ignoto, in un universo in cui l'uomo giocava solo un ruolo marginale, alla pari con tutte le altre creature. Non ci poteva più essere quella fede cieca nella Provvidenza: ora era la Fortuna a farla da padrone. La nuova responsabilità che si era delineata, quella dell'autodeterminazione, comportava anche il dubbio, la spaventosa possibilità di un errore e del fallimento, e questa paura si manifestava ogni qual volta il contesto politico, sociale o economico ne forniva l'occasione.

Naturalmente, dire che tutta l'Europa (o anche solo tutta l'Italia) fosse dominata da questo comune sentimento sarebbe sbagliato e anche un po' assurdo: queste tematiche rimanevano comunque appannaggio dei soli ceti più abbienti e colti, quelli che avevano ricevuto un'educazione tale da diventare la nuova classe al potere. E tuttavia, questi nuovi ideali erano quantomeno condivisi dalla maggior parte della nuova borghesia, che aveva finalmente avuto accesso, grazie al potere del denaro, ad un'educazione di classe superiore. Ciò che rendeva queste idee particolarmente condivisibili per questa classe era soprattutto il fatto che si riflettevano efficacemente nella loro vita di tutti i giorni, che dopotutto si basava su un fondamentale pragmatismo, sull'individualismo e la competitività per ottenere il maggior profitto, sulla ricerca di una legittimità per i guadagni e sulla possibilità di costruirsi con le proprie mani la vita che si desidera, senza che venga calata dall'alto da un essere superiore.

Le caratteristiche dell'arte rinascimentale

Anche gli artisti erano perfettamente in linea con questi valori, sebbene sicuramente la loro vita fosse completamente diversa sia da quella degli intellettuali che da quella della borghesia. Sulla scia di questa riscoperta dell'umanità, grazie anche alle collaborazioni e ad una nuova ondata di scoperte e di progressi tecnologici, riuscirono a creare un interesse generale che travalicava le classi sociali, soprattutto grazie al fatto che sicuramente rimanevano più fruibili rispetto alla letteratura, che in buona parte veniva ancora scritta interamente in latino.

E così alle cattedrali si sostituiscono gli edifici profani, come i palazzi delle signorie, le corporazioni e le case dei nuovi ricchi, alle immagini sacre si sovrappongono quelle delle famiglie più importanti dell'epoca oppure della semplice quotidianità. Rimane costante la tradizione della rappresentazione di personaggi chiave della mitologia pagana attraverso una reinterpretazione in chiave contemporanea. Tuttavia, se prima questa rivisitazione avveniva in chiave religiosa, ora non è più così: la nuova visione del mondo non è più teocentrica, come era nel Medioevo, ma antropocentrica, e l'arte lo dimostra.

Si vanno quindi a delineare caratteristiche artistiche del tutto nuove, che sicuramente gettano le loro basi a partire dallo studio dello spazio precedente (per esempio da parte di Giotto) ma che tuttavia lo portano ad un livello molto più alto, con grande rigore, tanto da portare a risultati veramente rivoluzionari che mai si erano visti prima. All'interno di questo stile sono sicuramente tre gli elementi più essenziali.

Innanzitutto, c'è una profonda attenzione allo spazio che porta a formulare delle regole rispetto alla prospettiva lineare centrica, in modo da organizzare lo spazio in maniera unitaria. Quindi, alle nuove scoperte in ambito geografico e scientifico fa eco una nuova attenzione all'uomo in quanto tale, con un approfondito studio dell'anatomia ma anche delle emozioni umane, che vengono rappresentate in modo del tutto nuovo ed evocativo. A questi due elementi viene fatto spazio eliminando del tutto qualunque orpello decorativo, tornando ad un'essenzialità della raffigurazione che non si vedeva da secoli.

L'unione di questi tre elementi, insieme ad un nuovo modo di pensare e di rappresentare il mondo, è ciò che rende un'opera pienamente rinascimentale. In questo contesto, l'artista ha imparato a decifrare lo spazio umano e quello naturale, scoprendone le leggi e studiandone la struttura. È in questo modo che viene pensato il mondo intero, come sfondo per le azioni umane e strumento di venerazione di Dio, certamente, ma anche dell'uomo. E questo vale anche per le rappresentazioni sacre, in cui il sentimento di fondo è esattamente lo stesso. Nelle nuove opere d'arte trovano uno spazio tutti quegli elementi che fino a quel momento non avevano avuto un posto: i lavori quotidiani, le arti liberali, la stagionalità della natura. Tutte queste tematiche che prima costituivano una mera cornice decorativa sono rappresentate in piena autonomia come soggetti principali dell'arte. Lo scopo naturalmente è dimostrare la dignità del lavoro dell'uomo, che con le sue potenzialità crea lo stesso ordine e la stessa bellezza che possono essere incontrate nella natura: e sono proprio questo stesso ordine e questa stessa bellezza che si ritrovano in ogni singola opera d'arte.

E non è l'unica innovazione di cui si fa carico l'arte rinascimentale. Durante il Medioevo, l'artista doveva occuparsi esclusivamente della realizzazione dell'opera in quanto tale: il contenuto, il tema e il significato dell'opera erano elementi che gli venivano affidati da un'autorità superiore, che poteva essere l'imperatore come il papa, ma che comunque aveva pieno potere decisionale. Con il Rinascimento, invece, inizia ad essere proprio l'artista a scegliere, a determinare quale significato avrà la sua opera e quale sarà l'orientamento ideologico e culturale che avrà il suo lavoro. D'altra parte, la nuova cultura umanistica aveva posto proprio il fine dell'arte come valore. Era necessario conoscere la natura, vale a dire il luogo in cui l'essere umano si muoveva e con cui interagiva, la storia, ovvero le azioni umane e le conseguenze che hanno avuto, e l'uomo, come protagonista reale e soggetto primo. Tutto questo diventava possibile proprio grazie all'arte.

La prospettiva

Prima di discutere delle singole tecniche artistiche utilizzate durante il Rinascimento in modo più dettagliato, occorre però soffermarci su quella che è probabilmente la caratteristica chiave delle opere di questo periodo storico, tanto da esserne diventata il simbolo per eccellenza: la prospettiva.

La prospettiva, detto con parole molto semplici, è un sistema che permette di rappresentare su una superficie uno spazio tridimensionale. Inoltre, consente anche di stabilire e di raffigurare quale sia la posizione reciproca degli oggetti e dei soggetti contenuti in quello stesso spazio.

Questo sistema è stato messo a punto da Filippo Brunelleschi nel corso dei primi anni del secolo attraverso un modello matematico ben misurabile che permetteva di comporre uno spazio secondo la prospettiva lineare centrica, appunto, a partire da quelle che erano le nozioni fornite dall'ottica di epoca medievale. La cosa probabilmente più interessante di questo sistema è il fatto che si basa su un'interpretazione del tutto nuova dello spazio, che prevede che esso sia infinito, continuo e preesistente rispetto ai soggetti e agli oggetti che si vogliono rappresentare al suo interno.

A tutto questo fecero seguito alcuni esperimenti pratici, che ad oggi non possediamo più ma di cui siamo stati in grado di leggere le descrizioni grazie allo storico dell'arte Leon Battista Alberti. Quello più sensazionale per la novità della raffigurazione è sicuramente il "Battistero di Firenze" rappresentato come se fosse visto dal portale centrale della cattedrale di Santa Maria del Fiore (che peraltro presentava anche della carta argentata sul cielo in modo da riflettere l'effettiva luce presente per l'osservatore).

La vera innovazione era il fatto che questa tavoletta dipinta doveva essere guardata attraverso uno specchio mettendo l'occhio su un foro sul retro della tavoletta stessa. Questo stratagemma permetteva di calcolare le distanze tra gli edifici reali grazie ad un sistema di proporzioni basato su triangoli simili. In poche parole e semplificando alquanto, si trattava di un sistema basato sul fatto che le rette parallele, viste da un certo punto di vista, sembrano convergere verso un unico punto all'orizzonte, il cosiddetto "punto di fuga", per cui fissando un punto di vista e una distanza di poteva stabilire come ridistribuire le dimensioni degli oggetti ritratti.

Per quanto questo sistema possa sembrare complesso sulla carta, in realtà la facilità di applicazione fu sicuramente uno dei principali punti di forza di questo metodo, che venne ben presto acquisito e applicato da moltissimi artisti, seppure non da tutti nello stesso modo. Di fatto, era un modo di rappresentare la realtà che si confaceva particolarmente a quella che era la nuova mentalità del Rinascimento, perché permetteva di dare un ordine del tutto razionale allo spazio grazie a dei criteri interamente stabiliti dall'uomo.

Per contro, però, bisogna specificare che queste regole tutto sommato erano estremamente soggettive, dal momento che lasciavano all'artista la possibilità di scegliere la posizione del punto di fuga, la distanza dello spettatore e perfino l'altezza dell'orizzonte. Finisce quindi per essere una convenzione rappresentativa talmente tanto utilizzata da essere ancora oggi considerata del tutto normale e "giusta", per quanto nel corso del '900 ci siano stati notevoli tentativi di scardinarla: per quanto abbiano avuto successo, però (prendiamo per esempio il caso del cubismo), di fatto la prospettiva è rimasta un elemento artistico fondamentale.

Possiamo quindi ora passare ad analizzare le singole tecniche artistiche, sempre ricordando che di fatto fare un'analisi puntuale del Rinascimento richiederebbe uno spazio ben più ampio di queste poche pagine. Quello che cercheremo di fare quindi è semplicemente un breve excursus che ci dia gli estremi di quello che è sicuramente uno dei periodi storici e artistici più complessi della storia europea.

L'arte figurativa rinascimentale

Per quanto riguarda le arti figurative, possiamo tranquillamente affermare che il Rinascimento nacque a Firenze negli anni '10 e '20 del '400, per poi diffondersi nei decenni successivi anche nel resto dell'Italia grazie al costante spostamento degli artisti, che si muovevano di corte in corte alla costante ricerca di nuovi committenti.

Sicuramente tra le caratteristiche più affascinanti dell'arte figurativa ci fu la trasformazione del concetto stesso, soprattutto grazie al "Trattato della Pittura" di Leon Battista Alberti. In quest'opera, infatti, per la prima volta il concetto di bellezza viene accostato direttamente a quello dell'arte per quanto riguarda l'armonia. È quindi proprio l'armonia l'elemento cardine di questa nuova arte, accanto naturalmente alla verosimiglianza.

Questo concetto viene in seguito approfondito ancora maggiormente, accostandovi altri due valori portanti dell'arte: quello di "concerto delle parti" per cui tutte le parti sono proporzionalmente legate tra loro, e quello di "simmetria", che secondo l'Alberti è la legge della natura per eccellenza. Ecco allora che l'arte viene pensata in stretto rapporto con la musica, un legame che avevamo già discusso in occasione dell'arte gotica e che ritorna in questo caso ancora più prepotentemente.

Tutto questo ci porta a quella che è la caratteristica fondamentale dell'arte in questo periodo: la convinzione che tutto debba basarsi su leggi e regole ben definite. L'arte deve rientrare in queste regole, basate sulla prospettiva e sulle proporzioni, fino a criticare le opere della tanto amata antichità, che venivano giudicate imperfette dal momento che non rispettavano la prospettiva. L'arte diventa quindi una vera e propria scienza, da rispettare con la perizia che normalmente viene richiesta per qualcosa di tanto importante.

In questo senso, bisogna dire che le arti figurative mantennero anche una valenza del tutto pratica. Non erano affatto manifestazioni libere della propria fantasia, o quanto meno non erano solo questo: erano invece e soprattutto delle discipline. Proprio per questo, è in questo periodo che viene utilizzato il corpo umano come modello primigenio per la scultura di qualsiasi opera d'arte (compresa, in modo del tutto inaspettato, l'architettura), per cui la rappresentazione perfetta precede che ogni elemento e misura debba la sua origine proprio al corpo e alle sue membra. È proprio da questa riflessione, d'altra parte, che deriva la tendenza rinascimentale a creare tutte quelle costruzioni del corpo umano e del volto che sono uno dei temi portanti del periodo.

Oltre a questa centralità, emergono anche delle caratteristiche ulteriori. Per quanto riguarda la pittura, ciò che sorprende particolarmente dell'arte rinascimentale è l'uso che veniva fatto della luce e del colore.

Di fatto, anche nel corso del Medioevo la luminosità era uno dei modi più utilizzati per indicare in che modo un corpo oppure una superficie erano collocati nello spazio. I pittori medievali, però, usavano tutti la stessa strategia: se un oggetto era lontano lo coloravano con toni più scuri, mentre se era più vicino con toni più chiari. Nel corso del XV secolo, invece, si iniziò a seguire il modello proposto dai miniatori francesi e dai monaci fiamminghi, che prevedeva di invertire questo schema. Venne quindi introdotta la cosiddetta "prospettiva aerea"[35], il cui principio era molto semplice: il colore più in profondità veniva schiarito e reso più luminoso.

Questo tipo di passaggio non era certo scontato. Bisogna infatti tenere presente che fino al XVI secolo il colore continuerà sempre ad avere un ruolo anche simbolico, legato a tradizioni che poco avevano a che fare con la tecnica pittorica e molto con la professione di una determinata convinzione religiosa. Per esempio, il fatto che molto spesso le scene religiose venissero realizzate in oro, rosso oppure blu aveva una causa ben precisa: per realizzare questi colori occorreva utilizzare materiali molto costosi, e quindi l'opera d'arte diventava una vera e propria offerta alla divinità.

Non era quindi scontato che l'uso del colore potesse modificarsi, sebbene sicuramente a partire dal XV secolo iniziarono ad esserci sempre maggiori innovazioni in questo campo: in particolare, tra il 1440 e il 1465 nacque a Firenze una corrente chiamata "pittura di luce", che si proponeva proprio di costruire il dipinto sulla base dei diversi valori cromatici. Lo stesso Leon Battista Alberti sviluppò una teoria secondo la quale un oggetto non possiede affatto un valore intrinseco, bensì possa averne diversi in base all'illuminazione (un'idea che troverà conferma nelle scoperte scientifiche più moderne).

Bisognerà comunque aspettare la seconda metà del XV secolo per poter avere l'effetto dello "sfumato", per esempio nelle opere di Leonardo da Vinci. Verso la fine del XV secolo, invece, finalmente la tendenza ad utilizzare ciecamente colori variopinti andrà a svanire, per lasciare il passo al chiaroscuro.

---

[35] La prospettiva aerea prevede di rappresentare l'oggetto in tre dimensioni creando un'illusoria profondità di campo in base alla densità e al colore dell'atmosfera interposta. Si basa quindi sulla scoperta che l'aria non è un mezzo del tutto trasparente: con l'aumentare della distanza, infatti, i contorni dell'oggetto osservato diventano più sfumati e i suoi colori meno nitidi.

L'architettura rinascimentale

L'architettura rinascimentale nasce (un po' come il Rinascimento stesso) a Firenze, all'interno di un contesto che fino a quel momento, vale a dire durante il periodo romanico, era rimasto piuttosto tradizionale: c'era infatti stato un costante richiamo all'architettura classica, con le sue forme chiare e irregolari.

Proprio come era stato per l'architettura gotica, però, il punto di svolta viene segnato da un edificio in particolare, che in questo caso è la cupola del Duomo di Firenze, che Filippo Brunelleschi realizza tra il 1420 e il 1436. A quest'opera poi ne fecero seguito molte altre, tutte fiorentine e tutte chiaramente rinascimentali. Ad oggi, Brunelleschi rimane uno degli architetti più importanti del Rinascimento, tanto da aver creato uno stile proprio caratterizzato da decorazioni in pietra serena[36] su impianti costruiti grazie all'accostamento delle forme geometriche più semplici. Il suo esempio sarà poi ripreso da moltissimi architetti del secolo. Alcuni di loro furono fondamentali per l'epoca, come per esempio Leon Battista Alberti, si cui vale la pena ricordare, fra tutte le sue opere, la facciata della chiesa di Santa Maria Novella.

Il pieno Rinascimento, comunque, rimane di tradizione essenzialmente romana, grazie ad importanti architetti come il Bramante, a cui si deve il progetto per la ricostruzione della basilica di San Pietro nel Vaticano, Raffaello Sanzio, che è stato l'artefice di Villa Madama, e Michelangelo Buonarroti, che realizzò la piazza del Campidoglio. Queste sono solo alcune delle opere fondamentali realizzate a Roma durante il Rinascimento, ma non sono certo le uniche. Dopodiché questa corrente si spostò nel resto d'Italia e, anche grazie alle opere di Andrea Palladio, nel resto dell'Europa.

Al di là di questo travagliato sviluppo, comunque, si possono sicuramente trovare caratteristiche comuni a tutte le opere che vengono costruite in questo periodo storico. Un po' come era avvenuto anche per

---

[36] La pietra serena è un tipo di pietra arenaria di colore grigio che è stata ampiamente utilizzata sia in ambito architettonico che scultoreo. È diventata particolarmente tipica per l'architettura di Firenze, per cui veniva utilizzata principalmente per elementi decorativi.

le arti figurative, c'è un recupero netto delle forme del passato (tanto da risalire persino alle opere di epoca paleocristiana). Questo significa che viene privilegiato l'uso delle forme geometriche più semplici (come abbiamo visto nel caso del Brunelleschi), di piante centrali, della simmetria e della proporzione armonica delle singole parti dell'edificio.

L'effetto che più di tutti si ricerca, però, è quello prodotto dall'adattamento delle masse sulla base di sistemi proporzionali a moduli, basati a loro volta sul semidiametro delle colonne. Veniva quindi ricercata una metrica spaziale basata su rapporti matematici ben delineati, costruendo ambienti basati su leggi ben precise e osservabili, un po' come avevano fatto gli antichi greci per i loro templi.

Tra gli edifici caratteristici del periodo rinascimentale c'è sicuramente il palazzo: l'ascesa della borghesia fiorentina lo aveva reso un elemento imprescindibile per il tessuto urbano della città. Ai palazzi dei mercanti, in particolare, viene affidato il compito di unire le necessità della vita quotidiana con i valori estetici dell'antichità. Ecco quindi che l'elemento fondamentale di questi edifici diventa il cortile centrale, che ripeteva i modelli del passato e permetteva contemporaneamente una migliore distribuzione degli spazi interni. Oltretutto, questa scelta faceva sì che si creassero un piano terra, dedicato al commercio, e un piano nobile, destinato alla vita privata.

E se in città i palazzi erano l'edificio fondamentale, nessuna famiglia abbiente poteva esimersi dall'avere anche una residenza di campagna, la villa. Interi trattati di architettura venivano scritti proprio su questo particolare tipo di edificio, che si rifaceva alla famosa villa classica di Plinio il Giovane, dalla disposizione degli ambienti al grande atrium centrale. Ancora una volta, l'obiettivo di questi edifici era conservare i principi di armonia e bellezza dei classici, cercando contemporaneamente di creare situazioni che permettessero la comodità anche in un clima non necessariamente identico: per esempio, ogni villa prevedeva una zona estiva ed una zona centrale che fossero perfettamente simmetriche.

Al di là dei singoli edifici, comunque, è l'urbanistica stessa che inizia a ricoprire un ruolo fondamentale per l'architettura, tanto da assumere un vero e proprio carattere scientifico, nel tentativo di unire le esigenze della popolazione con l'estetica, la simbologia con le strategie difensive. La città era sicuramente un oggetto di studio ben più complesso del singolo edificio, per cui richiedeva regole apposite: la soluzione che venne trovata fu quella di raggiungere una sorta di mediazione tra la città medievale e quella rinascimentale, integrando nuove idee all'interno di nuclei urbani che esistevano già.

Bisogna comunque ricordare che è in questo periodo che inizia a diffondersi l'idea utopica di "città ideale", con tutto quello che essa comporta. Vennero quindi progettate moltissime città radiocentriche, con piante ben regolari, che si basavano più su esigenze ideologiche che non realistiche. Una fusione ben riuscita tra questi due elementi si registra forse solo nella Amsterdam di inizio '600, grazie ai suoi canali poligonali e le strette case a schiera all'interno di una città fortificata.

CONCLUSIONE

Abbiamo così terminato il nostro breve viaggio in quello che è stato sicuramente uno dei periodi più interessanti dell'arte mediterranea: il Medioevo. Abbiamo attraversato le catacombe del II secolo, e i grandi imperi del passato, e abbiamo incontrato le popolazioni che hanno fatto grande l'Europa, che appartenessero al mondo della cristianità oppure a tradizioni molto differenti da essa. Abbiamo terminato il nostro viaggio in Toscana, accennando appena alla nascita del Rinascimento, uno dei periodi storici più ricchi di eventi, di arte e di cultura della storia.

Abbiamo iniziato questo volume sostenendo che da quando esiste l'uomo esiste anche l'arte, e che questa forma di linguaggio ha accompagnato l'uomo dagli albori della civiltà fino all'epoca più contemporanea. Con questo viaggio all'interno del periodo storico che ha gettato le basi per tutto ciò che è venuto in seguito e che ha cambiato per sempre il volto dell'arte speriamo di averlo dimostrato, e di aver mostrato anche come l'arte sia sempre stata in grado di accompagnare l'uomo in tutti i cambiamenti che la storia, per sua natura, gli ha proposto.

Ci siamo fermati al Rinascimento, ma la storia dell'arte ha davvero ancora molto da offrire: nel '500, alcune delle pagine più interessanti, innovative e rivoluzionarie di questa meravigliosa forma espressiva dovevano ancora arrivare. E sono tutte da scoprire.

NOTA DELL'AUTORE

Grazie mille par aver letto questo libro! Come avrai capito, attraverso questo manoscritto e gli altri della serie "Easy History", sto provando a rendere semplici e accessibili a tutti argomenti normalmente affrontati da lunghi e complicati testi accademici.

Il mio obiettivo da scrittore freelancer è quello di contribuire alla divulgazione di fatti storici nel modo più neutrale possibile (cosa molto difficile da fare, a causa delle influenze a cui tutti noi siamo soggetti) e in un modo che possa davvero arrivare a tutti, per permettere ai lettori (di ogni età, genere o cultura) di farsi una propria idea su cosa è successo nella storia e cosa ci è stato tramandato dai miti e dalle leggende.

Un tipo di informazione indipendente, semplice e neutrale rappresenta, secondo me, una potentissima arma contro l'ignoranza e le strumentalizzazioni che vediamo ai giorni nostri anche nei più importanti media (per non parlare dei social network), e in questo senso non c'è cosa migliore di conoscere il passato per costruire un futuro migliore.

Perché faccio questo? Per passione, niente più e niente meno. Sono sempre stato un lettore quasi ossessionato dai libri di storia e mitologia, e sono sempre stato affascinato da come eventi di centinaia o migliaia di anni fa hanno ancora effetto sulla vita odierna.

Essendo io un autore completamente indipendente, che si occupa in prima persona di tutta la ricerca, la scrittura e la pubblicità dei libri (al contrario di chi è supportato da case editrici o altri enti), ti chiedo un piccolissimo favore:

Se ti è piaciuta la lettura, o se semplicemente ti è stata utile per qualsiasi motivo, ti chiedo gentilmente di lasciare una recensione o una semplice valutazione su Amazon!

Non hai la minima idea di quanto questo possa essere utile per me e per tutti quelli che, come me, fanno tutto da soli!

www.ingramcontent.com/pod-product-compliance
Lightning Source LLC
Chambersburg PA
CBHW070250220526
45465CB00004B/1570